Une Cause de Béatification

Les Martyrs de Laval

PAR LE

✝ Chanoine A. BATARD

LAVAL

Imprimerie-Librairie de l'Évêché

GOUPIL

1925

Les Martyrs de Laval

LES QUATORZE PRÊTRES DE LAVAL DEVANT L'ÉCHAFAUD
(21 JANVIER 1794)

Chanoine A. BATARD

Les Martyrs de Laval

pendant la Terreur

Les Quatorze Prêtres de Laval

M. Jacques Burin, prêtre

Sœur Françoise Mézière

Sœurs Françoise Tréhet et Jeanne Véron

Sœur Sainte-Monique

LAVAL

IMPRIMERIE-LIBRAIRIE GOUPIL

1925

O CRUX AVE, SPES UNICA

Cette gravure représente le Christ qui fut trouvé sur le corps de l'un des quatorze prêtres, quand leur fosse fut ouverte pour l'exhumation, le 6 août 1816, dans les Landes de la Croix-Bataille : le prêtre le « tenait attaché à son bras », écrit Dom Piolin (*Notice sur Notre-Dame d'Avénières*).

Le Christ est non en ivoire, comme on l'a dit, mais en cuivre, et mesure environ vingt centimètres de haut.

Déclaration de l'Auteur

Filialement soumis aux lois et décrets du Siège Apostolique, en particulier aux décrets du Pape Urbain VIII, l'auteur déclare n'avoir voulu donner qu'une valeur historique aux faits et aux termes de *martyrs,* de *saints* ou autres semblables contenus dans ce livre, sans vouloir préjudicier en rien aux décisions de la Sainte Église dans l'obéissance de laquelle il veut vivre et mourir, avec la grâce de Dieu.

Laval, le 8 décembre 1924.

ÉVÊCHÉ
DE
LAVAL
—·◦·—

Laval, le 5 février 1925.

CHER MONSIEUR LE CHANOINE,

En nous donnant l'histoire aussi complète que profondément émou-
vante des prêtres, des Religieuses et Institutrices chrétiennes de la
Mayenne qui, au début de l'année 1794, à l'époque terrible de la Révolution, préférèrent la mort à l'apostasie, vous rendez leur Cause de
béatification claire à tous les esprits, chère à tous les cœurs ; et puisqu'elle
est proposée à l'examen du Saint-Siège, vous aidez l'Autorité diocésaine
à la poursuivre avec grand espoir de plein succès.

Ce résultat vous récompense déjà amplement du travail considérable
que vous avez consacré à leur gloire.

Mais votre bel ouvrage portera d'autres fruits.

Les lecteurs n'y verront-ils pas les exemples les plus propres à les
fortifier dans les luttes qu'ils ont à soutenir aujourd'hui pour la Religion ?

Dans la vie privée et davantage encore dans la vie publique, aux
jours même où nous sommes, nous devons combattre des adversaires
qui s'obstinent à chasser Dieu de partout, refusent à notre foi le droit de
décider les questions de conscience et entendent nous placer absolument
sous le joug de l'opinion des majorités ou du Pouvoir séculier.

On nous oblige ainsi à défendre nos saintes croyances avec notre
dignité d'enfants de l'Église, au prix d'efforts et de sacrifices dont nous
n'apercevons pas le terme.

Mais ce devoir nous l'acceptons : n'aurions-nous pas honte de mollir
et de nous lasser, quand vous nous décrivez les longues et horribles

1

souffrances de nos confesseurs de la foi dans leurs prisons, leur intrépide constance en face de l'échafaud, leur sang versé en témoignage d'ardente fidélité à Jésus-Christ et à l'Église catholique ?

Ce n'est pas la seule leçon très importante que contient votre livre : il rectifiera les idées d'une foule de braves gens trop éloignés de penser et d'admettre que, chez la plupart des persécuteurs, ce sont des passions brutales qui préparent et déterminent leurs sentences féroces, leurs cruautés impitoyables : on s'en rendra compte désormais, car vous ne laissez point ignorer quel était le langage, quelles étaient les habitudes et la conduite de ces bourreaux et de ces prétendus juges des quatorze prêtres et des Religieuses dont vous racontez les saintes œuvres et le supplice.

Enfin si quelques catholiques n'ont pas bien vu jusqu'à présent à quelles conditions doit satisfaire une loi pour être juste et mériter obéissance, vous leur apportez des renseignements qui leur manquaient : ils étudieront à votre suite les serments que les révolutionnaires exigaient de leurs victimes et que leurs victimes ont refusés.

Votre ouvrage acquiert ainsi une valeur doctrinale qui en égale la valeur historique.

Recevez donc, cher Monsieur le Chanoine, mes félicitations empressées.

C'est avec joie que je vous donne l'*Imprimatur* et que je souhaite à votre précieux travail le grand succès dont il est digne.

† EUGÈNE-JACQUES,
Évêque de Laval.

A Monsieur le Chanoine Batard.

AU LECTEUR

Le département de la Mayenne (1) fut inondé de sang pendant la
Terreur. La « machine à couper les têtes », promenée avec sa féroce
Commission révolutionnaire, son bourreau et ses aides, fonctionnait sans
relâche. A Laval, l'échafaud était dressé en permanence sur la place
actuelle du Palais de Justice : de là sortait et se répandait le long des
rues, à ciel ouvert, un ruisseau rouge qui se jetait, cent mètres plus loin,
dans l'égoût du Val de Maine, auprès de la Poterne.

Les victimes tombaient par centaines, et « la grande majorité, écrit
dom Piolin, n'a mérité son sort que par son attachement à la foi ou par
l'exercice des vertus évangéliques » (2) : c'est l'honneur du pays.

Des scènes sublimes se déroulèrent souvent autour de la guillotine.
Le 27 juin, le Tribunal fait exécuter un cultivateur de Nuillé-sur-Ouette,
Louis Chadaigne, sa fille et sa sœur, coupables d'avoir donné asile à un

(1) Lorsque la Constituante abolit les provinces en 1790, le département de la Mayenne
fut distrait du Maine et en majeure partie formé du Bas-Maine, avec des modifications au
Nord et au Midi. Au Nord, il perdit le *Passais*, qui fut attribué à l'Orne, et au Midi il reçut
de l'Anjou les villes et pays de Château-Gontier et de Craon ; bref, le département fut
établi à peu près tel que nous le voyons. Mais la nouvelle division départementale, faite
par l'autorité civile seule, ne put rien changer, jusqu'au Concordat, à la juridiction des
évêques légitimes. — Le diocèse de Laval date de 1855.

(2) *Histoire de l'Église du Mans durant la Révolution*, t. III, ch. VIII, p. 58.

prêtre. Le prêtre, condamné avec eux, leur témoigne sa peine de causer leur mort, et eux de s'écrier : « Nous sommes trop heureux de mourir pour une si belle cause ». Le père fut guillotiné le premier, sa fille ensuite qui ne cessa d'invoquer le nom de Jésus, et la sœur de Chadaigne monta les degrés de l'échafaud en chantant le cantique connu :

> Je mets ma confiance,
> Vierge, en votre secours...

Sans trouble aucun elle modifia les mots de la fin et dit :

> Voici la dernière heure
> Qui va fixer mon sort... (1)

Combien de ces faits édifiants pourraient être cités !

*
* *

Mais un des épisodes les plus émouvants et les plus admirables de la Terreur en France fut celui que nous allons raconter : le supplice de quatorze prêtres qui parurent tour à tour sur l'échafaud le 21 janvier 1794 et préférèrent « la mort à une souillure ».

On sait que la *Cause de Laval* — leur cause, aujourd'hui portée à Rome — comprend en outre cinq autres victimes mises à mort dans la Mayenne, également en haine de la foi, au cours de 1794 : un prêtre et quatre servantes de Dieu. Le lecteur trouvera une brève notice qui leur est consacrée, après le récit de la journée du 21 janvier.

En résumé :

Quatre diocèses : *Angers, Le Mans, Coutances* et *Paris* sont, avec Laval, intéressés dans cette cause.

La liste complète compte : huit *curés*, deux *aumôniers*, trois *chape-lains* et deux prêtres *n'exerçant plus le ministère*, soit quatorze prêtres du *clergé séculier* et un *religieux* de l'Ordre de Saint-François ;

---

(1) Tous nos historiens ont enregistré ce fait.

Une *religieuse* de l'Ordre des Hospitalières de la Miséricorde de Jésus ;

Deux *sœurs de la Charité* de la Congrégation d'Évron ;

Une *institutrice*, dite sœur d'école et de charité.

Leur souvenir se rattache :

Aux six *archiprètrés* du diocèse de Laval : *La Trinité* (église Cathédrale), *Saint-Vénérand, Notre-Dame* et *Saint-Martin* de Mayenne, *Saint-Jean* de Château-Gontier, *Notre-Dame* d'Ernée ;

A dix-huit doyennés plus spécialement : *Argentré, Bais, Chailland, Cossé-le-Vivien, Évron, Ernée, Landivy, Lassay, Loiron, Notre-Dame* de Mayenne, *Meslay, Saint-Denis-d'Anjou, Saint-Jean* de Château-Gontier, *Saint-Martin* de Mayenne, *Saint-Vénérand* de Laval, *Sainte-Suzanne, La Trinité* de Laval ; *Villaines-la-Juhel* ;

Et aux paroisses suivantes, entre autres : *Arquenay, Notre-Dame d'Avénières, Azé, la Bazouge-des-Alleux, Bazougers, Bonchamp, la Brulatte, Champgeneteux, Contest, Notre-Dame-des-Cordeliers* (Laval), *Courcité, Notre-Dame* d'Ernée, *Désertines, Lassay, Livet, Loupfougères, Mézangers, Oisseau, Ollivet, Parné, Peûton, Port-Brillet, Quelaines, Rennes-en-Grenouille, Ruillé-le-Gravelais, Saulges, Saint-Berthevin-lès-Laval, Saint-Fort, Saint-Fraimbault-de-Lassay, Saint-Fraimbault-de-Prières, Saint-Georges-sur-Erve, Saint-Jean* (Château-Gontier), *Saint-Laurent-des-Mortiers, Saint-Léger, Saint-Mars-sur-la-Futaie, Saint-Martin-de-Connée, Saint-Martin* (Mayenne), *Saint-Pierre-des-Landes, Saint-Pierre-sur-Orthe, Saint-Remi* (Château-Gontier), *Saint-Thomas-de-Courceriers, Saint-Vénérand* (Laval), *Trans, la-Trinité* (Château-Gontier), *la Trinité* (Laval), *Viviers*, etc.

Plusieurs familles subsistent qui s'honorent de leur parenté avec des membres de cette glorieuse phalange.

Aucun détail n'est à négliger. Nous avons cherché à tout recueillir ; nous avons contrôlé ce que nous rapportons et nous avons voulu exposer uniquement la vérité historique telle que les documents nous la livrent, persuadé que c'est le meilleur hommage rendre à la mémoire de ces héros de la foi, en même temps que le meilleur moyen d'aviver leur souvenir et de répondre au désir du lecteur.

Ici, sans le moindre appareil, les faits parlent, instruisent, édifient, ont une éloquence incomparable.

De précieux concours nous ont été donnés dont nous restons très reconnaissant ; nous devons remercier à titres divers, en particulier M. le chanoine Cesbron, vicaire général ; M. Laurain, le savant archiviste du département, président de la Commission historique et archéologique de la Mayenne ; M. Guy Ramard, avocat, conservateur-adjoint du Musée d'archéologie de Laval ; M. l'abbé Gasnier, aumônier du Cercle catholique des ouvriers de Laval ; M. Goupil, notre éditeur, qui a mis ses bons soins à l'impression de ce volume, l'a enrichi d'intéressantes illustrations et a su en faire un beau livre.

Laval, le 21 janvier 1925.

A. B.

Documents, Livres et Articles à consulter

Archives de l'Évêché de Laval : Enquête Boullier faite en 1839. —
Procès de l'Information canonique de la Cause de Laval, 1917-1920.

Archives départementales de la Mayenne, séries L, Q, C.

Jacques-Pierre FLEURY. *Mémoires sur la Révolution.*

Bibliothèque du Séminaire de Laval : Persécution des prêtres du département de la Mayenne, etc., mss. anonyme.

CHANGEON. Tableau de la persécution dans le département de la Mayenne (relation que nous avons longtemps cherchée en vain et que possèdent maintenant les Archives départementales, copie mss., 88 pp. numérotées, in-8°).

BRÉHERET. *Vie de Sœur Monique.* Le Mans, Gallienne, 2e édition, in-24, 1850 (la 1re date de 1821).

CARRON. *Les Confesseurs de la foi.* Paris, 4 vol. in-8°, 1820.

GUILLON. *Les Martyrs de la foi.* Paris, 4 vol. in-8°, 1821.

PERRIN. *Les Martyrs du Maine.* Le Mans, Monnoyer, 1830, in-12.
— Leguicheux, 1884, 2 vol. in-12.

BARRUEL. *Histoire du Clergé pendant la Révolution.*

BOULLIER. *Mémoires ecclésiastiques concernant Laval et ses environs pendant la Révolution.* Laval, 1846, 2ᵉ édition, in-8°.

GÉRAULT. *Mémoires ecclésiastiques concernant le District d'Évron pendant la Révolution.* Laval, 1847, in-8°.

ROHRBACHÉR. *Histoire universelle de l'Église catholique.*

DOM PIOLIN. *Histoire de l'Église du Mans durant la Révolution.*

HUART. *Les Martyrs du clergé français pendant la Révolution de 1793.* Paris, 1867.

ROBERT. *Urbain de Hercé.* Paris, V. Retaux, 1900, in-8°.

ANGOT. *Dictionnaire historique, biographique et topographique de la Mayenne.* Laval, Goupil, 3 vol. in-8°, et *Supplément*, un vol. in-8°.

LE COQ. *Constitution civile du Clergé dans la Mayenne.* Laval, 1890.

Bulletin de la Commission historique et archéologique de la Mayenne. Laval, 1878 à 1925, in-8°, *passim.*

GAUGAIN. *Histoire de la Révolution dans la Mayenne.* 4 vol. in-8°.

QUERUAU-LAMERIE. *Les Conventionnels de la Mayenne.* Laval, Moreau, in-16.

LÉOPOLD DE CHÉRANCÉ. *Nos Martyrs.* Paris, Poussielgue, 1908, in-12.

Les Quatorze prêtres martyrs de Laval (l'abbé Demée). Laval, 1907.

R. P. A. POTTIER. *Jacques Burin, curé de Saint-Martin-de-Connée.* Laval, Goupil, 1918, in-8°, orné de nombreuses gravures.

P. DE LA GORCE, de l'Académie française. *Histoire religieuse de la Révolution.* Paris, Plon, 1919.

BATARD. *Sœur Sainte-Monique,* 2ᵉ édition. Laval, Goupil, 1916, in-16 avec 9 gravures.

Semaine religieuse du diocèse de Laval, années 1917, 1921, 1922, 1923, *passim.*

CHAPITRE PREMIER

Laval à la veille de la Révolution

Pour permettre au lecteur de suivre facilement le drame du 21 janvier 1794, prenons une vue de Laval à vol d'oiseau, une esquisse à très grands traits indiquant le théâtre des événements de cette journée et les principaux monuments ou établissements religieux dont le nom revient dans ce récit.

Plus d'un siècle a passé : la tourmente de la Révolution, les bouleversements et les changements qui se sont produits ont emporté tant de choses que les vieux souvenirs deviennent fatalement imprécis, s'embrument et disparaissent peu à peu. Essayons de les ressusciter.

Vers la fin du XVIIIe siècle, la ville de Laval n'avait pas encore vu se réaliser les promesses de Pichot de la Graverie : en attendant d'être « une des plus grandes du royaume », elle se montrait telle que nous la connaissons, contente de son sort et de la part que Dieu lui a faite, fière à bon droit de ses attraits naturels, de son site pittoresque et charmant, moins admirée peut-être de ses habitants que des visiteurs étrangers, comme le veut un usage assez répandu.

Aujourd'hui, entre de vastes quais s'allongeant à perte de vue, la Mayenne (le fleuve de la Mayenne, disait-on autrefois) se promène tranquille et divise la ville en deux parties à peu près égales mais d'aspect différent : à droite de riants coteaux, à gauche une riche plaine.

La ville moderne a sans contredit ses charmes et ses avantages avec ses spacieuses voies de communication, ses ponts (1), ses quais, ses squares, ses édifices ; cependant combien gracieuse apparaît la vieille cité dans les dessins d'Andouard ! Qui ne regretterait le joli paysage du passé ?

Voyez. Déroulant son large ruban, la Mayenne serpente au pied du coteau de *Bel-Air,* va baigner les murs de l'hospice *Saint-Louis* (halle au poisson) et s'avance sur la place de la *Chiffolière* (place de l'Hôtel-de-Ville) ; là elle fait un brusque détour et se dirige vers le *Vieux-Pont.* Le beau ruban borde les prairies qui s'étalent à droite, glisse sous le pont et continue à se dérouler au loin ; de coquettes maisons couvrent les rives ; de leurs puissantes palettes, les roues de gais moulins battent l'onde et la font jaillir en gerbes diamantées : le tableau est ravissant... Mais ce n'est pas ce que nous avons à décrire.

Transportons-nous à *Bel-Air* et, d'un regard rapide, parcourons la cité. Du sommet de la colline quinze clochers se découvrent qui proclament éloquemment la foi de la population.

Sur la rive gauche de la Mayenne, le clocher le plus distant est celui du *Cimetière-Dieu* ou *Saint-Michel,* église collégiale qui compte huit chanoines et quatre chapelains.

Plus rapprochés, ces deux clochers qui semblent se toucher — deux jumeaux — désignent *Saint-Vénérand* et les *Jacobins.*

A cent pas de Saint-Vénérand, en effet, à la *Trinquerie* (disons mieux : à *Notre-Dame de Bonne-Encontre*), les fils de saint Dominique avaient église, monastère et enclos. L'église était assez vaste pour avoir permis à Mgr Charles de Beaumanoir de Lavardin, évêque du Mans, d'y

---

(1) Le Vieux-Pont a été sur la Mayenne le seul pont de pierre jusqu'au xix⁰ siècle à Laval. Le Pont Neuf a été ouvert le 1ᵉʳ janvier 1824 et le pont d'Avénières en 1874, remplaçant un pont suspendu établi trente ans auparavant et qui avait lui-même remplacé un ancien bac.

En 1756, le conseil d'État avait décrété en principe la construction d'un second pont dans la ville ; mais les blanchisseurs virent dans ce projet la ruine de leur industrie et protestèrent énergiquement auprès de l'Intendant « au nom du bien de l'État, de la fortune publique, de la subsistance du peuple et du salut même de la patrie. » Le pont s'est construit et l'histoire n'a pas eu à enregistrer tous ces dommages.

faire, en 1618, une ordination de six cents ordinands, et elle était magnifique à proportion, s'il faut en croire cette description datée de 1713 :
« Tous ceux qui ont vu des Maisons de l'Ordre en France conviennent

VUE DU PONT DE LAVAL, PRISE DE BEL-AIR

(Gravure d'Andouard)

que l'église des Jacobins de Laval, après celle de Lyon, est la plus grande,
la plus élevée, la plus large, la plus belle et la plus accomplie. Car, outre
qu'elle est presque toute bâtie d'un beau marbre noir et jaspé ; que son
jubé, qui est une merveille et un prodige de l'art, est tout doré et enrichi
d'une infinité de statues en relief qui sont autant de chefs-d'œuvre ; et

outre ses vitres où l'on admire autant de miracles de la peinture qu'il y a de figures, sans rien ôter de la clarté d'un si beau vaisseau ; outre ses aisles (1) où l'on compte jusqu'à dix autels d'une sculpture à ravir et enrichis des plus précieux ornements ; outre la chaire des prédicateurs qui est une des plus belles qu'on ait jamais vues (2) ; outre le grand autel qui par sa beauté surpasse tout ce qu'on peut dire d'une des sept merveilles du monde... (3) ».

Restons-en là. Le temps nous manquerait pour tout admirer à l'aise. Il est loisible de penser que cette enthousiaste description est légèrement teintée « d'outrance » ; mais nous n'avons rien de mieux à offrir, attendu qu'il ne reste rien de l'église, rien non plus du couvent. La Préfecture occupe la majeure partie de l'enclos des Jacobins (4).

Auprès du Vieux-Pont, deux autres clochers appartiennent à l'église de l'*Hôpital Saint-Julien* et à la chapelle de son annexe, le petit *Hôpital des Incurables,* dit de *Saint-Charles* (démoli naguère).

Passons maintenant sur la rive droite, la plus populeuse en ce temps-là.

Sur la place de la *Chiffolière* (de l'Hôtel-de-Ville) s'ouvre la rue étroite des *Capucins* (rue de Bel-Air). Suivons-la.

Dès le premier pas nous avons, à droite, l'*Hospice Saint-Louis* que nous avons déjà signalé.

Plus haut, à gauche, nous côtoyons un mur très élevé qui ceinturait l'enclos des *Capucins* (Bellevue), dans lequel vous chercheriez inutilement aujourd'hui un vestige de l'église et du couvent.

Contournons la muraille et gagnons la longue rue de Beauregard qui conduit au *Prieuré des Génovéfains,* dans le quartier *Sainte-Catherine ;* descendons ensuite la rue Sainte-Catherine et la rue des *Renards* (rue Basse-des-Bouchers) : nous sommes en plein faubourg, en face du *Prieuré de Saint-Martin,* tout proche du couvent des *Cordeliers* où il

(1) L'auteur a vu plus qu'il n'y avait en réalité ; car nous croyons que l'église n'avait qu'une « aisle » (un bas-côté).

(2) La chaire des Jacobins orne l'église de Saint-Vénérand.

(3) *Relation des fêtes chez les Jacobins de Laval en l'honneur de la canonisation de S. Pie V,* par Mlle Denisot. — Laval, Ambroise, 1713, in-16.

(4) L'hôtel de la Préfecture aurait même été construit, paraît-il, sur les fondations de l'ancien monastère.

convient d'entrer un instant pour voir le cloître, « un des plus beaux
ouvrages de l'Europe, » d'après Le Blanc de la Vignole. « Ce cloître, dit
Hérissant dans ses *Nouvelles recherches sur la France*, ce cloître, par
la vaste étendue d'un de ses côtés, son beau parterre, son jet d'eau, ses

VUE DE BEL-AIR ET DES CAPUCINS DE LAVAL, PRISE DU PONT
(Gravure d'Andouard)

colonnes de marbre jaspé, attire souvent la visite des voyageurs curieux.
Les jardins de cette Maison sont en terrasse. Les eaux des fontaines
voisines, qui y sont conduites par divers canaux souterrains, y forment
de belles pièces d'eau qui donnent à ce jardin un air de fraîcheur bien
agréable et y entretiennent la pureté et la salubrité de l'air qui est peut-
être le meilleur de la ville ».

Le beau cloître n'est plus ; les terrasses et les jardins ont été bouleversés, excavés ; tout est méconnaissable ; le couvent sert de caserne, mais l'église a échappé aux démolisseurs ; elle est devenue l'église paroissiale — agrandie et embellie encore — de *Notre-Dame des Cordeliers*.

Attenant aux Cordeliers est situé l'enclos de *Patience*, appelé aussi « clos de Paradis », qu'habitaient les Franciscaines, dites Urbanistes, Clarisses, Patientines et plus familièrement Clairettes ; on aperçoit leur Maison conventuelle à proximité du Carrefour-aux-Toiles (1).

L'église collégiale de *Saint-Tugal* s'élève à cent mètres de là (à l'endroit même du Muséum et de la Bibliothèque, place des Arts).

Nous abordons ainsi la place au Blé (place du Palais-de-Justice), qui a été le théâtre de tant de crimes pendant la Révolution : là est le Tribunal ou Palais de justice ; là sera dressé l'échafaud dans l'année 1794.

A peu de distance de cette place, à l'ouest, nous voyons la vénérable église de *la Trinité*, riche, elle aussi, au dire des écrivains du temps, d'une « infinité » de chefs-d'œuvre, de merveilles, de trésors inestimables qui mériteraient une description non moins belle que celle des richesses de l'église des Jacobins. Mais il faut savoir se borner et nous mentionnerons seulement — nous admirerons en passant, si vous le voulez, — le don magnifique du comte de Laval Guy XVII. deux verrières, dont « l'une représente le grand prêtre Melchisédech offrant du pain et du vin au patriarche Abraham, et l'autre la forte Judith ». deux vitres si bellement peintes qu'en les voyant, la comtesse Claude s'est écriée : « Si j'avais donné un héritier à Monseigneur le Comte, il ne me resterait rien autre chose à désirer que de mourir. »

Au-dessus de la vieille église, dans la même direction, se trouvent les *Ursulines*, dont la pieuse Maison est devenue le Lycée.

A gauche de la Trinité, à deux cents mètres environ, les *Bénédictines* ont leur monastère et leur église dont on ne voit plus une pierre ; leur couvent couvrait la place actuelle de Hercé.

Les couvents des Bénédictines, des Clarisses, des Cordeliers, des Capucins vont être bientôt remplis de prisonniers et ne suffiront pas à contenir tous les accusés au temps de la Révolution.

(1) Voir Appendice : *Le Monastère de Patience.*

Ne nous retirons pas des Bénédictines sans nous rendre à l'extrémité de la rue *Gaudin,* au fond de la place, d'où nous apparaît l'église paroissiale d'un bourg indépendant de Laval et fort jaloux de ses fran-

VUE DE LA PAROISSE D'AVÉNIÈRES, PRISE DU PONT

(Gravure d'Andouard)

chises. Saluons-la avec un profond respect : c'est un temple vénéré entre tous, un lieu sacré très cher à la piété chrétienne dans toute la contrée ; c'est le béni sanctuaire de *Notre-Dame d'Avénières.*

Laval est non seulement une ville agréable à voir, mais agréable à habiter. Les gens y sont d'humeur paisible, les meilleurs et les plus honnêtes gens du monde. Les mœurs y sont douces et chrétiennes, comme d'ailleurs partout dans le Bas-Maine. Laissons parler M. Boullier :

« Laval formait une espèce de petite république réglée par une bonhomie patriarcale, par un grand fonds de religion et par un profond respect pour les anciens usages ...Les crimes étaient fort rares dans tout le comté... Le clergé était aimé de toutes les classes de la société qui presque toutes avaient contribué à le former. » Dans le Bas-Maine entier, « c'était le même attachement à la religion, le même respect pour les prêtres ». Tous nos historiens font le même tableau.

Et cependant les convulsions de la période révolutionnaire y furent affreuses.... Le représentant Defermon dira du haut de la tribune, le 24 mai 1795, que « la Terreur aura été plus horrible dans la Mayenne que dans tout le reste du territoire soumis aux lois de la République » ; et son récit fait éclater l'indignation des Conventionnels qui décrètent, séance tenante, la poursuite des criminels, bientôt d'ailleurs tous amnistiés. Le trouble fut d'autant plus profond et violent que, malgré la fureur de la persécution, le peuple resta toujours attaché à la foi ; or, c'était à la foi que s'attaquait la Révolution.

Si pénible qu'il soit, ce n'est pas moins un devoir d'évoquer ces tristes temps afin de mettre en lumière l'héroïsme de nos confesseurs de la foi et de nos martyrs.

Nous le ferons brièvement à la suite de nos historiens ecclésiastiques.

ARMOIRIES DE LA VILLE DE LAVAL
(Gravure sur bois en tête d'un placard du XVIIIe siècle)

CHAPITRE II
Les premières années de la Révolution

Voltaire et son école avaient semé le vent qui devait déchaîner une tempête épouvantable. D'autres, les Jansénistes, les Gallicans, avaient jeté de l'ivraie parmi le bon grain. La Révolution trouvait donc préparé son terrain de culture. Aussi, en peu de temps, a-t-on le spectacle d'un indescriptible chaos, d'un immense volcan en feu : la terre tremble et des vagues de gaz délétères, précurseurs de l'éruption, déferlent sur la France et causent une intoxication à laquelle n'échappe pas le clergé.

En digne fille de l'esprit du mal qui l'inspire, la Révolution a l'astuce du serpent et met en jeu ses ruses. On la voit d'abord demander publiquement les bénédictions de l'Église ; et pourtant, au lieu d'étudier, de préparer la réforme d'abus indéniables, elle a déjà amoncelé des ruines, dépouillé le clergé de ses biens dans le but de l'asservir en le privant de tout moyen de vivre, interdit les vœux monastiques, expulsé les Religieux de leurs Maisons, inoculé son venin à de nouvelles lois de son Code dont une partie d'ailleurs forge un véritable schisme. Mais elle a soin d'envelopper ses décrets de formules perfides : à l'entendre, les biens ecclésiastiques sont simplement mis à la disposition de la nation à laquelle ils font retour (1) ; les vœux sont quelque chose d'incompatible avec la dignité de l'homme et un régime de vraie liberté ; la religion n'a rien à voir dans les lois organiques du pays. Le schisme est caché sous le titre de *Constitution civile du clergé ;* la licence, sans distinction de bien ni de mal, est la liberté ; l'anarchie, escortée de ses pires désordres, est l'égalité : et ces mots légitimeront tous les excès et les crimes.

Le 4 février, les Représentants émettent un serment de fidélité à la nouvelle Constitution encore en chantier et décrètent son obligation. Beaucoup les imitent sous prétexte que le roi n'a rien sanctionné ; mais la sanction royale est donnée le 24 août et l'exécution des lois exigée.

Alors les consciences catholiques s'inquiètent : nous le voyons par ce qui se passe à Laval au mois de décembre 1790. De par la Constitution, un évêché est créé dans le nouveau département de la Mayenne et les électeurs ont été convoqués, le dimanche 12 décembre, dans l'église de la Trinité, pour procéder au choix d'un évêque, à l'issue de la grand'messe à laquelle ils assisteront. Le Directoire craint de voir l'ordre troublé et,

---

(1) Opération toujours chère aux ennemis de l'Église qui l'appellent en langage moderne *laïciser, nationaliser* et *séculariser :* on répugne à lui donner son propre nom. — C'était assurément une injustice inqualifiable et contre laquelle des protestations s'élevèrent en vain dans la Constituante. Un Représentant de la noblesse d'Anjou, le vicomte de la Galissonnière, qui devint en 1809 député de la Sarthe, fit entendre ces paroles bonnes à redire : « Le clergé n'a usurpé les biens de personne. Ses biens lui appartiennent à titre de donation ou d'acquisition. Ce n'est pas la nation qui a donné ; ce n'est pas la nation qui a reçu ; ce sont des propriétaires qui ont donné, et les donataires ont accepté pour subvenir aux dépenses des ministres des cultes, à l'entretien des autels et au soulagement des pauvres ».

On croit volontiers que le clergé possédait d'immenses richesses à cette époque et cette erreur est toujours exploitée. Il y avait de rares bénéfices largement dotés, telle la cure de Villaines-la-Juhel qui, d'après le Pouillé de 1772, était une des plus riches du diocèse du Mans et avait un revenu de 10.000#. En général les curés n'avaient pour vivre qu'un revenu variant de 600 à 1.200#, et les vicaires ne s'entretenaient qu'avec le produit des glanes et d'un modique casuel. Les chanoines du Mans jouissaient d'un revenu de 2.872# que le Directoire départemental réduisit à une pension de 1.874#. Une pension devait en effet être assurée aux ecclésiastiques réguliers et séculiers dépouillés ainsi. Mais il fallait attendre plusieurs mois et rester sans ressources ; d'ailleurs toute pension ne tarda pas à être supprimée. Les prêtres prisonniers à Patience demanderont vainement un secours. Mgr de Hercé lui-même, prisonnier et malade, dut, pour subvenir à ses besoins et aux frais de sa maladie, réclamer sa pension qui ne lui était pas payée (Archives dép., *Directoire... Lettres aux Ministres,* f° 133 et f° 157 ; *Arrêtés du département,* 11 juillet 1792).

pendant toute la durée du scrutin, la force armée entourera l'église où les électeurs n'ont pas mis d'empressement à se réunir : le procès-verbal, aux Archives départementales, nous apprend que, sur 425 inscrits, 272 ont répondu à la convocation et 262 ont pris part au vote. Au second

SIGNATURE DE M. MICHEL THOUMIN-DESVAUPONS

tour de scrutin, un digne prêtre originaire de Mayenne, M. Michel Thoumin-Desvaupons, ancien curé d'Aron, vicaire général de Mgr Urbain de Hercé à Dol, est proclamé élu par 155 voix. L'élu refuse, puis se résout

SIGNATURE DE M. TURPIN DU CORMIER

à accepter, sur les instances pressantes de Mgr de Hercé (1). Et le curé de la Trinité, M. Turpin du Cormier, qui, le mois de juin précédent, était

(1) Tout en rendant hommage à l'orthodoxie de Mgr de Hercé, M. Boullier dit (*op. cit.*, p. 25) que la conduite du prélat semble d'autant plus singulière en cette circonstance. Le dossier de cette affaire nous paraît en donner une explication suffisante. Au moment de l'élection, on espérait encore que Pie VI accepterait plusieurs propositions que le Cardinal de Bernis lui avait présentées, au nom du roi, vers la fin de juillet 1790 : une de ces propositions concernait précisément l'érection des nouveaux sièges épiscopaux. Mgr de Hercé oublia, avec d'autres, que cette érection était réservée au Souverain-Pontife depuis le xi' siècle et, dans sa lettre au Président du collège électoral de Laval pour annoncer l'acceptation de l'élu, il ne crut pas nécessaire de mentionner expressément l'approbation du Pape. M. Thoumin-Desvaupons n'en parla pas non plus. Le Supérieur du Séminaire, M. Delaunay, le fit remarquer au dernier moment, en prenant connaissance des lettres ; mais Mgr de Hercé et son vicaire général pensèrent pouvoir l'omettre parce que leurs sentiments étaient suffisamment connus et que cette réserve s'imposait de plein droit, sans qu'il fût besoin de l'exprimer. Tous ces détails sont de M. Thoumin-Desvaupons (Arch. dép., L 121).

allé solennellement présenter ses hommages à la première Assemblée électorale et avait salué « la présence des électeurs comme l'annonce de l'aurore d'un beau jour », refusa, avec son clergé, de célébrer la messe en action de grâces pour l'élection de l'évêque constitutionnel : prêtres et fidèles étaient dans l'anxiété, bien que la constitution civile du clergé n'eût pas encore été condamnée par le Pape et qu'on ne fût pas sans espoir d'un accord avec le Saint-Siège, pour la création des nouveaux évêchés et la nomination de leurs titulaires.

La situation s'aggrave le 26 décembre, jour où Louis XVI se résigne à signer un décret ordonnant aux évêques, aux prêtres et à tous ecclésiastiques fonctionnaires publics, de prêter, dans le délai d'un mois, le serment de maintenir la Constitution, sous peine d'être réputés démissionnaires et remplacés comme tels, avec obligation toutefois de rester à leur poste jusqu'à leur remplacement. Les administrateurs du département prescrivent en hâte de prêter ce serment dans les conditions que la loi formulait, c'est-à-dire le dimanche, à la suite de la grand'messe, en présence du maire et des officiers municipaux.

Très peu de prêtres voulurent y souscrire, la plupart étrangers au diocèse et si peu estimables que leur nom seul eût suffi pour discréditer le serment.

Cependant M. Thoumin-Desvaupons avait de nouveau refusé l'évêché de Laval (22 février 1791) et, trois jours après, en réponse à une lettre qu'il avait adressée à Rome le 22 décembre, lui parvenait un Bref dans lequel Pie VI le félicitait de n'avoir pas consenti à son élection et se prononçait sur le serment (1). Le vicaire général de Dol répandit ce Bref, qui produisit une impression profonde : c'était le premier acte faisant connaître en France le sentiment de Pie VI à l'égard de la Constitution. On sut plus tard que d'autres Lettres Pontificales, écrites dans le même sens, avaient été tenues secrètes par leurs destinataires, et les Brefs qui condamnent la partie schismatique, la *Constitution civile du clergé*, sont des 11 mars et 13 avril 1791.

Les masques tombent. Le clergé fidèle eut à subir des vexations et des exactions de toute sorte en cette année 1791. Les prêtres, ceux que

____

(1) Le Bref du Pape est daté du 10 février et ne parvint que le 25 à M. Thoumin-Desvaupons.

le peuple appelle les « bons prêtres » (1), qui ont refusé le serment, se voient dénoncés et impitoyablement poursuivis, tantôt pour refus de publier en chaire la vente des biens ecclésiastiques (2), tantôt pour la publication des actes Pontificaux, tantôt sur la moindre plainte des énergumènes des clubs : on les injurie, on les maltraite indignement, on les jette en prison, on les menace de mort.

Les administrateurs sont furieux des refus de serment ; faute de candidats en remplacement des prêtres fidèles, ils sont obligés de recourir, contrairement à la loi, à des étrangers, et de les imposer aux populations qui ne veulent d'intrus à aucun prix. Il faut installer les intrus avec la force armée, avec « plus de baïonnettes que de cierges », disent les paysans, et parfois au milieu de bagarres, de scènes impies, d'orgies, de brigandages. Ici l'intrus refuse de paraître ou disparaît le lendemain de son installation ; ailleurs il reste, ayant toute honte bue, et se fait le dénonciateur, le persécuteur acharné des pasteurs légitimes, les seuls que le peuple chrétien reconnaisse. On veut contraindre les catholiques d'entendre sa messe ; on y conduit de pauvres femmes « installées sur des boucs ou à reculons sur des ânes, et on fouette publiquement celles qui assistent à la messe des bons prêtres » (3).

(1) Certains vocables, au cours de la Révolution, ont une signification qu'il est utile de connaître. — Pour les ennemis de l'Église le mot de *religion* veut dire *fanatisme ;* un *aristocrate* est celui qui a des sentiments religieux ; un *patriote* est un révolutionnaire plus ou moins exalté. — Pour eux encore, le prêtre qui refuse le serment est un *insermenté,* un *rebelle,* un *réfractaire,* un *ennemi :* pour les catholiques, c'est le *bon prêtre ;* tandis que celui qui a fait le serment est un *assermenté,* un *jureur,* un *mauvais prêtre,* un *Judas,* un *intrus* (quand il a été nommé et installé par l'autorité civile). — Pendant la guerre civile, les Vendéens sont les *Blancs* et les partisans de notre pays, des *Chouans,* que les révolutionnaires appellent *brigands, insurgés, rebelles ;* les soldats de la République sont les *Bleus* et les révolutionnaires des *patauds.*

(2) Devons-nous rappeler que cette vente occasionna des malversations honteuses ? D'abord le prix taxé fut assez élevé, mais on ne sait s'il fut réellement versé ; ensuite il fut porté à un chiffre notoirement insuffisant, ridicule. A Laval, les administrateurs furent poursuivis pour avoir organisé ces ventes à leur profit, sans aucune formalité légale ni publication, de sorte qu'ils se trouvaient seuls acquéreurs à vil prix : les honnêtes gens de la Mayenne ont toujours eu de la répugnance pour ces biens. Enfin les paiements de l'achat se faisaient en assignats, et les assignats, dépréciés dès le début, n'eurent bientôt aucune valeur : ainsi s'évaporèrent les millions espérés (V. Dom Piolin, *op. cit.,* t. I, p. 83 et t. II, p. 455).

(3) Ces faits sont signalés en plusieurs endroits. M. Boullier croit plutôt à une menace pour effrayer les femmes catholiques allant de Laval entendre la messe à Grenoux. Mais il

Le 18 juin, Mgr de Gonssans, évêque du Mans, en est réduit à permettre au clergé d'administrer les sacrements sans être revêtu de soutane et d'ornements sacerdotaux ; de conférer le baptême et la bénédiction nuptiale dans les maisons particulières ; de se servir, à défaut d'autres, de calices d'étain, de verre, de fer-blanc (1). Le Saint-Père lui-même autorise à célébrer la messe dans les habitations privées. Et le Directoire y interdit les attroupements (13 février 1792).

Le trouble augmente et s'étend de plus en plus ; malgré l'admirable, l'héroïque dévouement des fidèles que l'on persécute aussi, les prêtres qui n'ont pas voulu violer les droits de Dieu et de l'Église, se voient à la veille de n'avoir plus une pierre où poser la tête ; ils sont chassés des presbytères, de l'église paroissiale ou de la chapelle des hôpitaux, et ceux qu'un intrus n'a pas encore remplacés ont à endurer des outrages, des menaces et des dangers nuit et jour (2).

Que fait donc l'autorité civile ? Quand elle ne donne pas l'exemple du mépris des lois, trop souvent elle obéit aux clubs dont l'audace n'a pas de borne, et les actes les plus odieux se commettent impunément. Aucune répression nulle part ; il y a réellement carence d'autorité. Ainsi les districts de Château-Gontier et de Craon sont saccagés, pillés par la garde nationale qui ne cesse de se livrer, comme il lui plaît, à des visites et à des perquisitions domiciliaires. En septembre 1791 (3), le maire de Château-Gontier, Destriché, fait arrêter pendant une nuit et incarcérer soixante prêtres insermentés et à ce titre jugés par lui gravement coupables ; onze jours durant les prêtres sont insultés et menacés de mort par la populace ameutée. Aucune loi ne permet la mesure prise par Destriché. Le Directoire départemental se décide à intervenir et proteste auprès des officiers municipaux : ceux-ci se moquent des remontrances ; le Directoire les dénonce à l'Assemblée Législative à laquelle ils dénoncent à leur tour le Directoire du département. En guise de sanction, le

y a un témoin qui l'atteste, André Graffart (*Notes mss. sur l'Histoire de Laval*, V. Dom Piolin, *ibid.*, p. 309).

(1) Dom Piolin, t. I, p. 222.

(2) V. Changeon, *ms. cit.* ; Boullier, *op. cit.*, ch. VII ; Dom Piolin, *op. cit.*, t. II, parle de ces exactions et de ces violences en plusieurs chapitres.

(3) Dom Piolin, *op. cit.*, t. I, pp. 239-240.

Ministre de l'Intérieur, Delessart, se borne à envoyer, à Château-Gontier
et à Craon, une proclamation dans laquelle il prône majestueusement le

MONSEIGNEUR DE JOUFFROY-GONSSANS
Évêque du Mans de 1774 à 1799

respect aux lois et la liberté des citoyens. La pénitence était douce : la
proclamation ministérielle ne fut pas même publiée à Craon.

L'âge d'or rêvé et promis s'épanouissait en une anarchie qui voulait saper les fondements de l'Église et allait précipiter la France dans un abîme de crimes, de sang et de boue.

Le 23 mars 1792, le département de la Mayenne, à l'exemple de ses voisins, enjoignit « à tous les prêtres non assermentés, s'ils étaient étrangers à la Mayenne, d'en sortir sous les huit jours et, s'ils y résidaient habituellement, de se rendre dans la huitaine au chef-lieu, où chaque jour ils seraient soumis à un appel nominal », excepté « les fonctionnaires publics non encore remplacés, les ecclésiastiques âgés de soixante-dix ans ou plus, les infirmes et les malades ». Environ *quatre cents* prêtres se trouvèrent réunis à Laval dans le délai fixé (1).

Le 20 juin un nouvel arrêté prescrit aux ecclésiastiques internés à Laval, à l'exception des infirmes et des malades, de se rendre dès ce jour dans les maisons des ci-devant Capucins et Cordeliers : les prêtres étaient en prison.

Les curés non remplacés par des intrus et tolérés dans leurs paroisses, une centaine environ, reçoivent l'ordre de venir au chef-lieu, à moins d'exception légitime, et y sont immédiatement incarcérés. Les différentes listes aux Archives portent 180 prisonniers aux Cordeliers et 201 aux Capucins. En y ajoutant les malades et les infirmes restés dans la ville, Laval renfermait à ce moment près de cinq cents ecclésiastiques (480) non assermentés.

Le 23 août les prisonniers furent enlevés des Capucins et entassés aux Cordeliers.

Déjà la déportation commençait. Avant que la loi en fût définitivement portée (26 août), on signale des prêtres de la Mayenne qui partent en exil à la date du 23. La déportation forcée n'eut lieu cependant que de la mi-septembre à la mi-octobre ; furent expulsés, avec les prêtres dits fonctionnaires publics, tous les ecclésiastiques, prêtres ou non, les diacres, sous-diacres, minorés et simples clercs. Le nombre des exilés

(1) Les différents arrêtés que nous citons ici sont aux Arch. départementales. — Quatre cents prêtres furent internés à Angers, 219 au Mans. etc. Ces chiffres indiquent, d'après nos historiens, une ligne de conduite donnée aux ecclésiastiques par l'autorité diocésaine que représentaient, pour l'évêché du Mans, M. Joseph Paillé, vicaire général, et quelques autres prêtres, auxquels Mgr de Gonssans, retiré à Londres, avait donné les pouvoirs nécessaires.

partis de Laval ne s'élève pas tout à fait à quatre cents (391), presque tous du département. Ils furent conduits à Jersey et de là, après un séjour d'un peu plus d'une année, passèrent en Angleterre, sauf quelques-uns qui émigrèrent en d'autres pays.

La loi de déportation exceptait les sexagénaires et les infirmes, à condition qu'ils fussent renfermés dans une même maison du chef-lieu. A peine la Maison des Cordeliers était-elle évacuée, le 14 octobre, que les prêtres non déportés furent conduits à Patience, où ils trouvèrent d'autres vieillards et infirmes, laissés par tolérance dans la ville : on ne veut plus y supporter que quatre prêtres, connus comme impotents et ne jouissant pas de leurs facultés : MM. Raveneau, chantre de Saint-Tugal ; Denouault, sacristain de Saint-Vénérand ; Séguret, enfermé comme aliéné dans une maison particulière ; et Dubois, prêtre habitué à Saint-Vénérand, « goutteux et dont la tête n'était pas bien saine » (Boullier, *op. cit.*, p. 132). A Patience un seul prêtre est signalé comme aliéné. Il est à présumer que ce prêtre fut atteint de démence après son emprisonnement et gardé parce qu'il n'avait pas d'autre lieu de refuge.

Dans la suite le nombre des prisonniers s'augmenta de plusieurs ecclésiastiques, arrêtés dans le département ou obligés de quitter leurs paroisses : l'ancien Monastère de Patience, qui comptait 18 professes de chœur et une converse en avril 1790 (Arch. nationales, D^{xix} 6), 14 professes de chœur et une converse lors de l'expulsion des Clarisses en 1792 (Boullier, *op. cit.*), dut loger de 110 à 120 prêtres en 1793.

Onze d'entre eux furent emmenés à Bordeaux le 12 avril 1793 « pour être déportés hors du territoire continental de la République », dit l'arrêté — de fait ils restèrent en France — et le 22 octobre de la même année, la veille de l'arrivée des Vendéens à Laval (1), quatre-vingt-huit autres misérables détenus de Patience, auxquels on adjoignit deux prêtres enfermés dans la prison du *Val de Maine* (2), furent conduits, traînés

(1) Les Vendéens vinrent trois fois à Laval : le 23 octobre jusqu'au 2 novembre 1793, le 25 novembre et le 13 décembre.

(2) Avant la Révolution, Laval n'avait que cette prison située à l'extrémité de la rue de la Poterne (rue du Jeu-de-Paume), sur l'emplacement de la fontaine actuelle. Le règne de la Liberté en établit six autres dans la ville : les Couvents des Capucins, des Cordeliers, de Patience, des Bénédictines, le Vieux-Château et la Barbotière (rue Renaise, 17).

à Chartres puis à Rambouillet. Il ne resta plus officiellement dans la Mayenne que *quinze* prêtres (1), prisonniers à Patience et déclarés incapables d'être transportés à cause de leurs infirmités ou de leur vieillesse.

Mais ce sommaire, trop bref, ne donnerait pas une idée suffisante des souffrances de nos prêtres. Nous devons plus de détails au lecteur.

(1) Nous ne comptons pas dans ce nombre un Cordelier, qui parvint à se cacher le 22 octobre et échappa aux gardiens, le Père Bachelier : ce Religieux suivit l'armée des Vendéens et perdit la vie au désastre de Savenay.

CHAPITRE III

Héroïsme dans les souffrances et la charité

§ 1. — Souffrances des prêtres pendant leur internement et dans leurs prisons. — Traitements indignes.

Dès le début de la Révolution les prêtres ont eu beaucoup à souffrir ; mais les années 1791, 1792 et 1793 furent particulièrement terribles pour l'Église et ses ministres ; c'est une honteuse histoire dans laquelle abondent les actes de sauvagerie dont beaucoup restent ignorés. Il est difficile, il est impossible, de décrire les souffrances qu'endurèrent les Confesseurs de la foi. Ce que nous avons dit laisse soupçonner un peu de la vérité ; on ne lit pas sans poignante émotion les mémoires du temps et les récits qui en ont été faits, mémoires et récits bien impuissants à retracer la réalité ; plus impuissante encore en sera une froide analyse ; cependant il est nécessaire d'en connaître quelque chose et c'est pourquoi nous avons tâché de les résumer en reproduisant leur texte autant que possible.

Le dénuement des quatre cents prêtres internés à Laval était complet ; pour le plus grand nombre, ils n'avaient d'autres moyens d'existence que ceux qu'ils venaient de sacrifier à leur devoir et se trouvaient dans l'indigence. Arrachés à leurs paroisses, séparés de leur troupeau qu'ils avaient la douleur de voir délaissé ou livré à d'indignes mercenaires, chassés de leurs églises, du presbytère au toit hospitalier, et ne voulant pas compromettre les catholiques dévoués qui leur donnaient asile, ils étaient jetés sur le pavé de la ville. Les administrateurs n'avaient aucunement songé à leur assurer un refuge et, à la demande qui leur fut adressée, ils se contentèrent de répondre que la principale préoccupation des réfractaires devait être d'obéir à la loi, comme si l'obéissance à leurs lois suffisait pour assurer l'existence. La plupart des internés, inconnus des habitants, auraient été réduits à camper en pleine rue et à mourir de faim, si la chrétienne population de Laval ne les avait secourus. Par les soins de deux prêtres — MM. Touschard de Sainte-Plennes et Dubuisson — les uns trouvèrent le vivre et le couvert dans de généreuses familles, et les autres furent mis en pension, grâce à des souscriptions et à des quêtes. Tous devaient être réunis chaque jour à dix heures du matin et répondre à un appel qui commença, conformément au décret, le 15 avril, dimanche de *Quasimodo,* dans l'église de Saint-Tugal, au lieu de celle des Cordeliers, assignée primitivement et que le Directoire continuait d'occuper. Les prêtres trouvèrent dès le 15 avril, sur leur passage, des catholiques accourus pour marquer leur respect et leur sympathie, pour les défendre aussi au besoin, car d'autres étaient venus, gens de la populace et gardes nationaux, dans le but de les insulter. Sans doute l'arrêté du 23 mars mettait les internés à Laval sous la protection des lois et déclarait qu'il serait scrupuleusement veillé à leur sécurité personnelle par la municipalité et les corps administratifs; mais que valaient ces paroles ? La veille du premier appel, quand le peuple était ainsi invité à ne pas inquiéter les ecclésiastiques, n'avait-on pas vu et entendu l'huissier, chargé de publier ce placard dans les carrefours, en faire le commentaire avec force moqueries et plaisanteries à l'adresse du clergé ? Les administrateurs qui procédaient à l'appel, s'en acquittaient avec morgue et dédain (1) ; et chaque jour les clubs et le *Patriote,* journal dont les prin-

(1) Barruel, *op. cit.,* t. I, p. 216; Boullier, *op. cit.,* ch. VIII ; Changeon, *ms. cit.;* Dom Piolin, *op. cit.,* pp. 368 et seq.; Perrin, *op. cit.,* t. II, pp. 10 et seq.

ARRÊTÉ

DU DIRECTOIRE DU DÉPARTEMENT

DE LA MAYENNE,

Contenant des dispositions d'Ordre public sur les Ecclésiastiques insermentés ou non-conformistes.

SÉANCE DU 23 MARS 1792,
l'An IVe de la Liberté.

VU les Lettres missives, Pétitions & Requêtes multipliées, tant des Directoires de Districts, que d'un très-grand nombre de Municipalités & d'Individus, portant que de toutes parts dans ce Département la présence des Prêtres non-assermentés excite la fermentation la plus alarmante; que la disposition des esprits semble annoncer un soulevement général ; que déja même dans plusieurs Villes & Paroisses, des troubles avoient éclaté ; que le Peuple inquiet, fatigué de sentir que presque tous les Ecclésiastiques ayant refusé de satisfaire à l'obligation

A

cipaux rédacteurs étaient trois vicaires épiscopaux, répandaient en public toute sorte de calomnies qui excitaient le peuple contre les prêtres.

Quand on les emprisonne le 20 juin, l'arrêté du Directoire, publié à 2 heures de l'après-midi, ordonne que « ce même jour, avant 8 heures du soir, ils devront être rendus dans les Maisons des ci-devant Capucins et Cordeliers qui leur seront désignées pour s'y loger, sauf par eux à se pourvoir de lits et autres objets nécessaires, ainsi qu'ils aviseront, leur déclarant que, faute d'y satisfaire, la force publique sera employée contre eux pour les y contraindre » (1).

On bat la générale ; la garde nationale est mise sous les armes et des sentinelles placées à toutes les issues de la ville, afin d'empêcher les évasions. Grand est l'émoi et les catholiques veulent s'opposer à une mesure que rien ne justifie ; mais les prêtres avaient résolu d'obéir même aux ordres injustes qui ne porteraient pas atteinte aux principes religieux ; et le soir ils étaient enfermés dans les maisons désignées pour « le casernement sacerdotal », suivant l'expression des administrateurs.

Rien n'avait été préparé pour recevoir les nouveaux hôtes dans ces bâtiments dépourvus de tout mobilier, abandonnés depuis un an, lamentablement délabrés et malsains ; on ne prit pas même la peine de les nettoyer et, comme ils ne pouvaient contenir tous les prisonniers, ceux-ci se placèrent dans les cellules, les greniers, les corridors, les cloîtres. L'église des Capucins fut transformée en dortoir ; celle des Cordeliers, beaucoup plus vaste, aurait pu offrir une ressource fort utile, mais nous avons dit qu'elle était occupée par le Directoire, qui la quitta seulement le 23 octobre pour s'installer aux Jacobins et la livra aux intrus. Les prêtres arrivaient, n'ayant que leur bréviaire à la main. L'inépuisable charité des habitants leur procura des lits, des chaises, des tables ; mais les premières nuits, plusieurs prisonniers n'eurent qu'une chaise pour se reposer, et encore y en eut-il qui restèrent debout ou se couchèrent sur le pavé.

Le soir du « casernement », les maisons furent laissées ouvertes à tout venant : gardes nationaux, curieux, femmes, enfants, étaient pêle-mêle et faisaient un tapage insupportable ; la populace passa la nuit dans

_____

(1) Arch. dép., *Arrêtés du département.*

(547)

(= = (N.º) =) Samedi 23 Décembre 1792. (= (34.) = =)

LE PATRIOTE
DU DÉPARTEMENT
DE LA MAYENNE

Respectons les Loix, difons la vérité & chériffons
la République.

*Nouvelles du Département. -- Ordre judiciaire. -- Société
des Amis de la République de Laval. -- Inftrudions aux
Habitans des Campagnes. -- Nouvelles de l'Intérieur,
des Camps, & de nos Voifins. -- Lettre du Miniftre
Roland a fon Concitoyen Rabard, Principal du Collège
national de Laval. -- Convention Nationale.*

Nouvelles du Département.

ADRESSE des Citoyens de Laval à la Convention
Nationale.

CITOYENS,

GUERRE aux agitateurs, mort des tyrans, fupplice de
Louis Capet, quand vous l'aurez jugé coupable, voilà vos
devoirs, & nos vœux.

Les Citoyens de Laval.

Le Citoyen Sourdille, au Citoyen Rabard : SALUT.

Je vous dois un extrait d'une lettre du miniftre de l'intérieur aux corps adminiftratifs; il m'a paru mériter de
N n

Fac-similé d'un numéro du *Patriote de la Mayenne*, plus tard *le Sans-Culotte de la Mayenne*,
premier journal publié dans le département

les jardins, qu'elle acheva de piller et, les jours suivants, l'envahissement
fut le même. Les prêtres n'avaient aucun moment de tranquillité. Le
soir, quand ils étaient couchés, les gens venaient avec de la lumière
pour faire l'inspection des lits (ici nous omettons un détail ignoble à
l'excès) ; la nuit, retentissaient dans l'église des chansons obscènes, ordu-
rières, pour troubler le sommeil de ceux qui y prenaient le repos ; à
travers les dortoirs les gardes promenaient des filles de mauvaise vie,
qu'ils se plaisaient à exciter pour faire retomber sur quelque prêtre leurs
plates bouffonneries et leurs calomnies grossières. Quand la bande jaco-
bine dominait parmi les gardes, leur plus grand plaisir était de visiter
les prêtres endormis et de les réveiller en sursaut, quelquefois en faisant
mine de les tuer. Alors, ils leur mettaient la baïonnette sur la poitrine,
avec un air menaçant et disaient : « Ce poulet là n'est pas encore assez
gras ; je reviendrai et je le tuerai quand il sera meilleur » ; à un autre :
« Non, ta tête jouera mieux sous la guillotine » (1).

'Une épidémie de typhus se déclara dans les prisons et le Directoire
se vit obligé de permettre à ses victimes de prendre l'air dans les jardins,
« à condition, ajouta-t-il, de n'y commettre aucun dégât » : quelle dérision et peut-être quelle perfidie, puisqu'il était notoire que les enclos
avaient été dévastés, pillés, saccagés par la populace !

Les fidèles avaient l'autorisation d'apporter des vivres aux prisonniers : ce fut pour les gardes une nouvelle occasion de tourmenter leurs
victimes. « Toutes les soupes, écrit un de ces pauvres prêtres, toutes les
soupes et les autres plats, dans lesquels nos bourreaux crachaient souvent, étaient fouillés et retournés sens dessus dessous avec les baïonnettes
et, comme on peut le croire, on goûtait la boisson, soit cidre, soit vin,
avant nous ; ils coupaient notre pain par petits morceaux, ainsi que les
andouilles et saucissons. Qui que ce soit ne pouvait nous aborder, nous
voir, nous parler, pas même nous regarder ; il y avait une barrière qui
nous séparait de ceux qui nous apportaient nos provisions. Les scélérats,
qui étaient au milieu, renversaient souvent nos soupes, brisaient les
assiettes, les plats et les bouteilles » (2).

Remarquons-le : il ne faut attribuer à aucun sentiment de pitié cette

(1) Changeon, Barruel, Perrin, Boullier, Dom Piolin, *op.* et *loc. cit.*
(2) Fleury, *op. cit.*, p. 186.

tolérance d'apporter des aliments aux détenus ; c'était, de la part des persécuteurs, un misérable calcul de rapacité sordide. Pendant la Révolution, on emprisonna pour livrer des victimes aux bourreaux et s'enrichir. Les prisonniers avaient à leur charge les frais de la prison, de leur vie, de leur entretien, des liens qui les enchaînaient, de l'entretien et de la vie de leurs gardiens. Les détenus riches étaient obligés de payer la part des pauvres ; les parents, les amis, les fidèles pouvaient y contribuer. Plutôt que de s'y opposer, les administrateurs auraient sollicité ces secours. Cependant les communes votaient et versaient des fonds pour l'entretien des prisonniers : que devenaient-ils ? Il n'est pas difficile de pénétrer ce mystère, dit Dom Piolin (1).

Le 23 août, lorsque les prêtres furent emmenés des Capucins aux Cordeliers, on sut, avec une malice infernale, leur rendre le trajet singulièrement pénible, en faisant prévenir des femmes dépravées qui se portèrent sur le parcours et vomirent contre eux mille injures.

§ 2. — Mgr de Hercé. — L'exil. — La chaîne de Rambouillet.

Saluons ces dignes confesseurs de la foi, dont rien ne put ébranler le courage, saluons-les bien bas, car ils ont bien mérité de l'Église. Nous voudrions publier la longue liste de leurs noms : le cadre de ce livre ne le permet pas. Nous devons cependant signaler au moins quatre d'entre eux : Mgr Urbain-René de Hercé, qui avait vu supprimer son évêché de Dol par la Constitution et s'était retiré, depuis le mois d'avril 1791, dans sa famille à Mayenne et bientôt au manoir de la *Basmeignée*, en Montenay, près Ernée ; M. François de Hercé, son frère et vicaire général, abbé commendataire de Chezal-Benoît au diocèse de Bourges et bénéficier de la chapelle des *Vaux* dans la Mayenne, à *Champéon ;* M. Michel Thoumin-Desvaupons, ancien curé d'*Aron*, et vicaire général de Dol, qui avait refusé l'évêché constitutionnel de Laval ; et un jeune prêtre, nommé curé de *Notre-Dame de Mayenne*, le futur cardinal-archevêque de Bordeaux, M. Jean-Louis Lefebvre de Cheverus.

(1) Dom Piolin, *op. cit.,* t. II, l. 6, ch. 1.

Quelques détails conservés sur· le séjour de l'évêque de Dol à Laval nous aideront mieux que tout le reste à juger des souffrances des prêtres internés avec lui et des mauvais traitements qu'ils avaient à subir.

Mgr de Hercé se présentait à l'appel avec les autres et le clergé lui faisait un cortége d'honneur. Le prélat avait quitté la soutane comme tous les ecclésiastiques insermentés qui ne pouvaient plus la revêtir sans danger depuis près d'un an ; mais il avait gardé et portait ostensiblement sa croix pectorale qui le désignait au respect des uns et aux outrages des autres. Le commissaire, chargé de l'appel, avait soin de lui refuser son titre : « Hercé aîné », criait-il. Et l'évêque devait répondre : « J'y suis ». Venait ensuite le tour du vicaire général « Hercé cadet », qui faisait même réponse ; c'est d'ailleurs sous cette dénomination que les deux frères sont inscrits au Registre des Archives (L 123).

L'attitude pleine de dignité de Mgr de Hercé et les marques de vénération des prêtres qui l'entouraient, excitaient la rage des intrus et des patriotes, qui résolurent de l'insulter publiquement et de lui faire arracher sa croix par « la plus grande coquine de la ville », dit M. Changeon. Entourée de sans-culottes, cette créature éhontée s'élance et va pórter la main sur le prélat, quand les prêtres surpris et indignés la repoussent, elle et ses acolytes, si vigoureusement que l'un des insulteurs ne put s'empêcher de dire : « Excusez ! quand les calotins s'en mêlent, ils n'y vont pas de main-morte ! » Ce fut la seule fois que les ecclésiastiques repoussèrent la violence par la violence (1).

Le 20 juin, Mgr de Hercé voulut être, suivant sa coutume, le premier à obéir au décret de casernement et se rendit aux Cordeliers, accompagné de ses vicaires généraux et de M. de Cheverus. « Là, un membre du district (Sourdille de la Valette, jeune étourdi qui venait de se marier constitutionnellement) le conduisit dans une cellule ouvrant sur les commodités et lui dit : « Monsieur, il n'y a plus aujourd'hui de distinction ; icy tous sont égaux : on peut mettre trois lits dans votre appartement ». Monseigneur l'Évêque accepta le tout sans rien répondre et, malgré les offres et les sollicitations de ceux qui se trouvèrent mieux logés, qui souffraient et gémissaient de le voir si mal, il demeura dans un apparte-

(1) Huart, *op. cit.*, t. I, p. 410 ; Barruel, *op. cit.*, p. 218 ; Boullier, Dom Piolin, Perrin, *op. et loc. cit.*

ment aussi malsain et aussi incommode. Monsieur son frère couchait par terre » (1). Chacun avait son numéro : il y avait *d'Hercé* n° 37 et *d'Hercé* n° 38, occupant le cachot n° 11 avec Lefebvre-Cheverus et Buhigné (2).

L'évêque de Dol tomba si gravement malade que sa vie parut en danger. A son appel, M. Deschamps, médecin à Laval, sollicita et se vit

MONSEIGNEUR URBAIN-RENÉ DE HERCÉ
Évêque de Dol

refuser l'autorisation de lui donner ses soins (3). Le malade ne put voir que les médecins de la nation, « dits officiers de santé et mieux nommés officiers de mort », dit Fleury (*op. cit.,* p. 188). Une cellule moins malsaine et des gardes-malades sont demandés en son nom : nouveau

, (1) Bibliothèque du Séminaire de Laval, *ms. anonyme,* et Fleury, *op. cit.,* p. 187.

(2) Arch. dép., *Relevé des ecclésiastiques déportés, reclus,* etc., et ibid., *Casernement sacerdotal.*

(3) Arch. dép., L 123.

refus de la municipalité. Il fallut recourir au Directoire pour obtenir un autre logement ; ce ne fut qu'après la constatation de l'état presque désespéré du malade que son domestique fut admis à le soigner, et cet homme ne pouvait entrer ni sortir sans être fouillé de la tête aux pieds. Mgr de Hercé échappa à la mort ; nous avons dit que pour subvenir aux frais de son entretien et de sa maladie, il dut réclamer les arrérages de sa pension dont on le privait (1).

A plusieurs reprises la vie des prisonniers fut en péril. Le 14 juillet, on vint tirer des coups de fusil aux environs du jardin des Cordeliers et des balles sifflèrent aux oreilles des ecclésiastiques ; après les événements du 10 août, le danger devint plus menaçant encore. Le bruit se répandit le 14 que les prêtres allaient être égorgés et, pendant trois nuits, les prisonniers furent sur pied. Les catholiques leur avaient recommandé, de leur côté, de sonner la cloche en cas de péril afin de pouvoir accourir à leur secours.

Au mois de septembre, un certain nombre de prêtres avaient reçu leurs passeports et s'apprêtaient à partir ; déjà ils étaient répandus dans la ville quand l'ordre est donné de les faire rentrer. C'était le 9 de ce mois. La nouvelle venait d'arriver du massacre des Carmes à Paris et les Jacobins de Laval résolurent de mettre à mort leurs prêtres prisonniers ; une circonstance fortuite, la crainte d'une émeute des paysans irrités par un arrêté du Directoire, empêcha seule le criminel dessein des révolutionnaires (2).

Le 14 octobre, les derniers exilés avaient quitté Laval. Rarement on fut témoin d'une détresse pareille à celle de ces quatre cents prêtres, les plus pauvres des hommes, rejétés injustement sur une terre étrangère plus douce peut-être que l'ingrate patrie. Quel triste avenir s'ouvre devant eux ! Le pain de l'exil est si amer ! Leurs souffrances physiques et leurs tortures morales ont été extrêmes ; et maintenant qu'il faut s'éloigner, quitter la terre des foyers et des autels, où est renfermé tout ce qu'ils ont de plus cher en ce monde, leur cœur saigne. Souvent, toujours leur regard se tendra vers la France. Ils emportent un indomptable espoir et ne cessent de demander dans leurs prières la grâce de revenir

(1) Arch. dép., *Arrêtés du département*, 11 juillet 1792.
(2) Tous ces détails sont extraits des livres ci-dessus indiqués.

un jour, quand le voudra Celui à qui ils ont tout sacrifié, relever les ruines de leur pays, reprendre leur mission de paix et de salut, apporter le pardon à leurs persécuteurs et les réconcilier avec Dieu. Bientôt nous

MONSEIGNEUR JEAN-LOUIS LEFEBVRE DE CHEVERUS
Cardinal-Archevêque de Bordeaux

les entendrons non se plaindre mais se féliciter d'être les disciples et les victimes de la croix.

Les prêtres malades et infirmes, auxquels l'arrêté du 20 juin avait permis de rester dans la ville, n'avaient pas été oubliés par les révolutionnaires ; le Directoire les avait astreints à produire, tous les trois jours, des certificats de trois médecins choisis dans les rangs des démagogues les plus exaltés et, dès que le départ des exilés fut terminé, le 14 octobre, nous avons vu qu'ils étaient prisonniers à Patience. Le règlement que le Directoire établit (15 octobre) y était plus dur qu'aux Capucins et aux Cordeliers : nous y lisons entre autres choses que lorsque l'état d'un prisonnier exigera les soins d'un domestique particulier, l'autorisation pourra être accordée aux frais du malade ; était seule autorisée la visite des pères, mères, frères et sœurs des détenus une fois par mois, de 2 heures à 4 heures, dans un appartement désigné et en présence du concierge (Arch. dép., *loc. cit.*). Plusieurs fois eux aussi furent menacés de mort.

Ils eurent la douleur, nous l'avons dit, de voir emmener, le 12 avril 1793, onze de leurs confrères et, à partir de ce moment, chaque jour ils attendirent le même sort. Quel jour néfaste et quelles scènes le 22 octobre, quand eut lieu un nouveau départ de quatre-vingt-huit prisonniers ! Insultes et voies de fait, rien n'est épargné à ces infortunés. Qu'on se représente ces quatre-vingt-huit prêtres, trop âgés ou trop souffrants pour être déportés, réunis dans la cour de Patience à 7 heures du matin, empêchés de se munir d'un vêtement de rechange, d'aucune provision, d'aucun argent, enchaînés deux à deux sous les yeux de Mélouin l'apostat (1) et gravissant péniblement le chemin de ce ce calvaire. De Chartres à Rambouillet la chaîne s'allongea de prêtres du pays qu'elle traversait et de quelques laïques. On ameutait la foule surtout contre les prêtres de la Mayenne ; on les frappa cruellement. Un trait montrera l'acharnement et la rage de leurs persécuteurs. Un homme de ce convoi, pour éviter les mauvais traitements infligés à ses compagnons de chaîne, se faisait respecter en s'écriant : « Je ne suis pas prêtre, je suis galérien depuis quinze ans ! »

Nous ne pouvons décrire les tourments de ces nobles victimes en France et dans l'exil : le lecteur en trouvera le récit chez nos historiens ecclésiastiques ; nous devons renoncer à nous étendre davantage. Mais il est une question qui se rattache à ce sujet et ne doit pas être omise : quels étaient les sentiments des victimes ainsi odieusement traitées ?

(1) « Les prêtres furent conduits dans la cour du Château pour être enchaînés ; mais il n'y avait pas assez de chaînes et on dut recourir à des cordes » (*Récit d'un confesseur de la foi.* Perrin, *op. cit.*, t. II, ch. II). Le même auteur rapporte le trait que nous citons dans les lignes suivantes.

ANCIEN COUVENT DE PATIENCE, A LAVAL
Façade ouest (état actuel)

§ 3. — Admirables sentiments des prêtres persécutés.
Leur Lettre à Pie VI.

Croit-on que, sous la menace de mort qui retentit à chaque instant et au milieu d'une telle infortune, nos prêtres se laissent aller au découragement et soient capables de faiblir ? Pas un seul ne voudra acheter la liberté au prix d'un serment qu'ils réprouvent. Ils veulent bien souffrir, mourir, mais trahir leur devoir, jamais ! Et alors ils n'ont tous qu'un désir, une pensée : c'est, après avoir épanché leur douleur comme des enfants dans le sein de leur père, de renouveler solennellement, aux pieds du Pape, la profession de leur foi inébranlable, de leur fidélité à la sainte Église et de leur entière soumission aux enseignements des successeurs de Pierre. Nous aimerions à citer en entier la lettre magnifique qu'ils adressent à Pie VI et nous avons le regret de n'en détacher que quelques lignes, après avoir résumé ce qui précède leur profession, car tout est important dans cette lettre.

« Dépouillés de leurs biens, errants et fugitifs dans leur patrie, réfugiés en de sombres réduits où la charité les cachait, ils éprouvaient de véritables douceurs à la vue de leurs peuples fidèles qui accouraient à eux recevoir leurs consolations et leurs avis, les grâces, le sang de l'agneau immolé sur un autel dressé à la hâte. Mais une secte impure a craint de voir périr l'œuvre de ses iniquités en tolérant davantage les prêtres catholiques, et les méchants ont dit : *Il est expédient que ces hommes périssent afin que notre secte ne périsse pas.* La vie a été laissée, à la vérité, mais la liberté a été enlevée aux prêtres fidèles qui ont été contraints de s'entasser dans une ville où rien n'a été préparé pour les recevoir, — pas même le pain accordé aux scélérats dont la justice s'empare, — où ils sont abreuvés d'humiliations et d'opprobres, menacés de mort tous les jours.

« Ce n'est pas le murmure qui les inspire. Jusqu'ici ils n'avaient été que les prédicateurs de la croix ; ils se font gloire d'en être aujourd'hui les disciples et les victimes... Ce ne sont point des soupirs, des plaintes qu'ils veulent faire entendre de leur Père : les quatre cents prêtres catholiques captifs à Laval pour la foi romaine, par arrêté du départe-

NICHE SITUÉE AU HAUT DU GRAND ESCALIER DU COUVENT DE PATIENCE

ment de la Mayenne, demandent humblement la permission de déposer entre les mains du Très Saint Père, c'est-à-dire dans le centre de la catholicité, cette profession publique de leur créance :

« Nous reconnaissons la sainte Église catholique, apostolique et
« romaine pour la mère et maîtresse de toutes les églises. Nous pro-
« mettons et jurons vraie obéissance au Pontife romain, vicaire de Jésus-
« Christ (1). Nous le reconnaissons pour le chef visible de l'Église, le
« vrai et l'unique successeur de saint Pierre, l'héritier de sa dignité et
« de la plénitude de sa puissance, le Père commun des fidèles, la pierre
« fondamentale sur laquelle Jésus-Christ a bâti son Église contre laquelle
« les portes de l'enfer ne prévaudront jamais, le centre de l'unité dont
« on ne peut se séparer sans sortir de l'Église même.

« Nous confessons que Jésus-Christ l'a élevé au-dessus du collège
« apostolique, qu'il lui a donné la primauté d'honneur et de juridiction
« sur toutes les églises particulières,... que les jugements des Souverains-
« Pontifes sont fondés sur une autorité qui est également divine dans
« toute l'Église, en sorte que tous les chrétiens sont obligés, par leur
« devoir, de leur rendre une soumission même intérieure » (2).

Les bons prêtres se plaisent à le rappeler encore : ils ont juré un
attachement inébranlable à la chaire de Saint-Pierre, pour laquelle ils
combattent ainsi que pour la foi scellée du sang des apôtres, et ils ont
rejeté le serment sacrilège que le Pape a proscrit. Enfin ils sollicitent la
miséricorde du Saint-Père pour les intrus dont ils souhaitent le retour à
la vérité et demandent pour eux-mêmes et leurs bienfaiteurs la bénédiction apostolique » (3).

Cette lettre seule prouverait l'esprit satanique de la Révolution, son

(1) Extrait de la profession de foi dressée par le clergé de France dans l'assemblée de 1685.
(2) Assemblée du clergé de 1653.
(3) M. Perrin donne en entier (t. II, sect. 1, ch. I) cette lettre intitulée : *Lettre adressée
au Très Saint Père Pie VI, évêque de Rome et Souverain-Pontife de l'Église universelle, par
le clergé catholique des diocèses du Mans et d'Angers, captif pour Jésus-Christ, par arrêté du
département de Laval*, et datée du 23 mars 1792. (Des prêtres de l'Anjou, appartenant depuis
l'abolition des provinces au pays de Château-Gontier et de Craon détaché de Maine-et-Loire
et faisant partie de la Mayenne, étaient internés à Laval).

M. Boullier dit que l'adresse ne fut pas communiquée à la plupart des prêtres et que
quelques-uns seulement la signèrent. Nous croyons avec Dom Piolin que M. Boullier, ordinairement si bien informé, fait erreur sur ce point. L'adresse renferme des détails qui
prouvent le contraire et M. Boullier les note lui-même.

Cette adresse fut envoyée à Madame Élisabeth, avec prière de la faire parvenir à Sa Sain-
teté. Fut-elle remise au Pape ? On ne peut l'affirmer.

PIO SEXTO PONT MAX

objectif qui est de combattre la religion et de faire disparaître l'Église et ses ministres ; elle montre en même temps la pureté de la foi de nos prêtres, leur charité sublime et leur inviolable fidélité à l'Église pour laquelle ils souffrent et sont prêts à donner leur vie.

Admirons ces nobles sentiments ; aimons à redire ces belles paroles de nos pères dans la foi et n'oublions pas que ce sont les paroles et les sentiments des victimes du 21 janvier 1794.

Le 4 janvier 1791, la Constituante avait procédé à l'appel nominal des ecclésiastiques qui siégeaient dans l'Assemblée et leur avait donné le choix entre le serment et la privation de leurs titres ; la très grande majorité refusa le serment.

M. Grandin, curé d'Ernée, élu en 1789 député du clergé pour le Maine, rapporte dans son *Compte rendu* (p. 24) qu'au sortir de la séance Mirabeau ne put taire son admiration pour ceux qui mettaient leur honneur au-dessus de tous les biens dont ils étaient dépouillés (1). N'avons-nous pas le droit de dire des prêtres internés à Laval qui sacrifiaient au devoir biens et liberté même : « Ils ont tout perdu fors l'honneur » ?

§ 4. — Admirable charité des fidèles à Laval.
Les anges des prisons.

Dieu merci, Laval ne fut pas le théâtre que de faits honteux et barbares en ces tristes temps : d'autres spectacles rassérènent l'âme. Si le Directoire refusa aux prêtres qu'il internait dans la ville « le pain qu'on accorde aux scélérats dont la justice s'empare » ; si le jour de leur emprisonnement il les invita par une amère dérision « à se pourvoir de lits et autres objets nécessaires, ainsi qu'ils aviseront », dans les Couvents dévastés des Capucins et des Cordeliers, les fidèles luttèrent de générosité à l'égard des ministres de Dieu et les entourèrent de toutes les délicatesses de la charité chrétienne. Les prêtres en rendent un touchant témoignage dans leur lettre à Pie VI :

(1) Dom Piolin, *op. cit.*, t. I, p. 103.

« Nous osons à peine, disent-ils, donner le nom de persécution et
d'infortune aux tribulations qui nous environnent : le ciel qui nous
protège les a déjà changées en consolations et en délices. Il fallait une

COUR INTÉRIEURE DU CHATEAU DE LAVAL A LA FIN DU XVIII° SIÈCLE
d'après le tableau de Chomereau

religion aussi céleste, aussi divine que celle que nous professons pour
opérer les prodiges dont nous sommes les témoins. Tous les miracles de
charité qu'enfanta le christianisme naissant... se renouvellent tous les
jours à Laval.

« Tous les catholiques de cette ville n'ont pas attendu nos besoins ; ils ont prévenu jusqu'à nos désirs. Les riches partagent avec nous leur abondance ; les pauvres se refusent jusqu'au nécessaire pour subvenir à notre indigence. Tels qu'Abraham et Loth ils attendent sur les chemins l'innocence persécutée ; par mille égards de la plus généreuse hospitalité ils s'efforcent d'adoucir l'amertume qui nous accable ; ils se soumettent aux privations les plus rigoureuses pour qu'il ne manque rien à notre aisance, et leur générosité laisserait presque douter si nous leur devons ou s'ils nous sont redevables... Dieu n'est point injuste pour oublier tant de bienfaisance. Ces prodiges de charité opérés en son nom envers les ministres du Seigneur mériteront des prodiges de bénédictions à la ville généreuse à laquelle nous les devons » (1).

Le 20 juin, jour de l'incarcération, vit la même explosion de charité et le même empressement des fidèles qui apportent des lits, des matelas, des draps. Les pauvres eux-mêmes paraissent aux portes des couvents tenant à la main une couverture, un oreiller, une botte de paille. Les jours suivants même affluence, même rivalité. Les riches envoyèrent d'abondantes provisions ; les artisans venaient offrir la moitié de leur repas ; des mendiants voulaient partager leur recette de la journée avec les ministres de Jésus-Christ (2).

De Londres où ces nouvelles lui parvinrent, Mgr de Gonssans, ému autant qu'édifié, adressa deux lettres aux prêtres à Laval et aux fidèles : dans la première (3) l'évêque les félicite de souffrir si courageusement pour Jésus-Christ, les réconforte, les console paternellement et leur exprime sa douleur de la persécution qu'ils endurent : dans la seconde (4), il témoigne sa reconnaissance aux habitants pour le dévouement et la charité dont ils entourent le clergé dans l'épreuve et promet à son bon

(1) Lettre citée un peu plus haut.

(2) Perrin, *op. cit.*, t. III, sect. 1, ch. 1.

(3) Cette lettre, sans date de temps ni de lieu, a été insérée en mai 1792 dans le *Journal ecclésiastique* de Barruel.

(4) M. Boullier dit avoir vu une copie assez informe et non datée de cette lettre qui ne semble pas avoir été imprimée : c'est probablement la « pièce curieuse » trouvée sur M. André d'Orgueil que le citoyen Guichard envoie d'Évron à Laval avec le prêtre arrêté et la famille Chadaigne (V. Arch. dép., *Dossier d'Orgueil*).

peuple de Laval de venir passer tous les ans six mois au milieu de lui, si la Providence le rend à son diocèse (1).

Rappelons que les prêtres vécurent de charité chrétienne pendant leur séjour dans les geôles ; il en fut ainsi jusqu'aux derniers jours de janvier 1794 pour les vieillards et les malades qui n'avaient pu être déportés ; et cette inépuisable charité s'étendait à tous les prisonniers.

Jamais non plus ne se lassa le zèle de la phalange des jeunes filles et femmes chrétiennes qui surent forcer la porte des prisons pour aller secourir et consoler tant de malheureux dans une situation effroyable. Personne ne lira sans admiration les pages que M. Boullier (*op. cit.*, ch. XI) a consacrées à l'une de ces héroïnes, Suzanne Loyand, l'humble ouvrière qui, jusqu'en 1800, accomplit vraiment l'œuvre de Dieu et fut l'ange des prisonniers. Suzanne Loyand s'enfermait dans les cachots, passait avec les victimes destinées à la guillotine la nuit et les heures qui précédaient leur mort, ranimait leur foi, excitait leur confiance en Dieu et cherchait à leur inspirer, avec la résignation à leur sort et le pardon à leurs bourreaux, une contrition aussi parfaite que possible, pour suppléer au sacrement de pénitence dont on les privait !

« Combien de ces jeunes filles et femmes courageuses qui nous servaient avec un empressement incroyable furent frappées, jetées par terre, blessées avec les sabres et les baïonnettes », écrit l'abbé Fleury. Ces vaillantes couraient en effet les plus grands dangers, le péril même de mort ; elles ne l'ignoraient pas et ne craignaient pas de s'y exposer ; au contraire, elles disaient suivre leur désir d'apprendre et de s'exercer à confesser la foi (2).

§ 5. — Vie et ministère des prêtres cachés dans la Mayenne.

La charité des fidèles ne se manifesta pas seulement de cette manière ; elle pourvut à l'asile et à l'entretien des prêtres qui restèrent cachés pour continuer leur ministère dans la Mayenne. Dieu seul connaît les

(1) Perrin, *op. cit.*, t. II, sect. 1, ch. I.
(2) Jeanne Rojoux : nous rapporterons plus loin ses paroles.

noms de toutes les familles qui eurent ce dévouement aussi honorable que périlleux : elles furent nombreuses à Laval, dans toutes les villes, dans les bourgades et les hameaux du Bas-Maine, et parce que les prêtres connaissaient leur foi et leur dévouement ils voulurent, nombreux aussi, rester au milieu du peuple chrétien.

Malgré l'exil et la guillotine, la Révolution fut impuissante, en effet, à épuiser la milice sacerdotale ; d'autres héros avaient échappé aux lois d'internement et d'exil et exposaient chaque jour leur vie pour remplir la plus noble des missions : nous ne devions pas clore ce chapitre de l'héroïsme sans rappeler leur mémoire et leur rendre un juste hommage. Traqués comme des bêtes fauves, parfois dénoncés par des traîtres, enfouis le jour dans des cachettes obscures où ils pouvaient à peine respirer, obligés de changer souvent d'asile, voulant bien donner leur vie mais non sacrifier les familles chrétiennes qui se disputaient l'honneur de les recevoir ; par prudence n'exerçant leur ministère que la nuit ; sans cesse exposés au danger de mort, ces dignes ouvriers de Dieu menèrent une vie de privations et d'angoisses qui fut un long martyre. Grâce à eux beaucoup de fidèles purent recevoir les secours de la religion ; des prisonniers eurent le même bonheur et ceux qui montaient sur l'échafaud ne furent pas privés de la consolation qu'ils désiraient le plus, une suprême absolution (1).

Quel fut leur nombre? Les documents qui constatent leur présence ou leur passage sont nécessairement rares et incomplets : on comprend la discrétion imposée en pareilles circonstances. A Laval il y eut presque toujours douze prêtres cachés dans la ville et vingt-quatre dans les environs. « Aucune paroisse ne semble avoir été abandonnée ; il y eut même comme une surabondance de prêtres catholiques, dit Dom Piolin (*op. cit.*, l. 5, ch. IV). Au moment de la Révolution, le vaste diocèse du Mans comptait *trois mille* ecclésiastiques et *huit cents* paroisses : pas une qui ne fût fréquemment et habituellement visitée par quelque ministre de Dieu, pas une par conséquent où il ne se rencontrât quelque toit hospitalier pour lui ». Le même auteur n'estime pas à moins de *six à sept cents* le nombre de ces prêtres. Nous croyons qu'il faut en attri-

(1) V. la *Semaine Religieuse* de Laval, n°° 46 et seq.

LE CHATEAU DE LASSAY
où les prêtres déportés, dont la chaîne était dirigée sur Rambouillet, furent incarcérés dans la nuit du 24 octobre 1793

buer une large part au Bas-Maine où le peuple était plus religieux et où il était aussi plus facile de se cacher ; mais on ne peut donner de chiffre certain.

Si la Mayenne est pays de foi, elle le doit à Dieu et ensuite au clergé qui donna au temps de la persécution l'exemple du devoir, dans les prisons ou sur l'échafaud ; elle le doit aussi aux ouvriers évangéliques demeurés dans le pays.

Honneur donc aux chrétiens qui ont pratiqué la charité avec tant de dévouement et de noblesse !

Honneur aux prêtres fidèles dans les prisons ou en exil !

Honneur aux apôtres qui continuèrent à évangéliser la contrée !

Honneur à ceux qui vont mourir ! (1).

(1) V. Appendice, *Les Causes de la révolte dans la Mayenne pendant la Révolution.*

CHAPITRE IV

Le 21 janvier 1794 à Laval

§ 1. — Les premiers jours de 1794.
Complot contre la Religion et les prêtres.

Les années 1793 et 1794 sont tellement remplies d'excès, de crimes ignobles et de cruautés monstrueuses que l'histoire ne les enregistrera jamais sans indignation, sans honte, sans dégoût.

La Terreur règne (1) : ce mot seul peint cette triste époque dans

(1) La *Terreur* est l'époque la plus sanglante de la Révolution. On la fait remonter soit au 22 juin 1791, jour où fut connue l'arrestation du roi à Varennes parce que le Jacobinisme devint tout puissant ; soit au 21 janvier 1793, jour où Louis XVI fut guillotiné ; soit au

laquelle quelques hommes indignes purent tout oser et les honnêtes gens tout craindre.

Le temps n'est plus où la Révolution feint des sentiments religieux et demande les bénédictions de l'Église ; elle a procédé par bonds gigantesques et son plan infernal s'est réalisé. Où est l'Église catholique ? N'a-t-elle pas sombré dans le gouffre qui a englouti les institutions nationales ? Debout sur les ruines qu'ils ont accumulées. ses ennemis s'enorgueillissent et se vantent d'avoir aboli son règne dans la Mayenne comme dans toute la France : le culte de Dieu a fait place au culte infâme de la Raison ; ses temples sont profanés par des orgies hideuses et ses autels souillés. Le clergé constitutionnel lui-même a disparu, sous le mépris public, du reste (1) ; et, quant au clergé catholique, qu'en reste-t-il ? Cinq cents de ses ministres. coupables de ne pas trahir l'Église en se parjurant, ont été exilés ou rejetés en dehors du département qui ne compte plus, à part les prêtres cachés, que les prisonniers de l'ancien Couvent de Patience.

Au mois de janvier, ces prisonniers étaient réduits au nombre de quatorze, par suite de la mort du curé de Villiers-Charlemagne, leur confrère, M. Le Grand, qui avait succombé le 2 novembre 1793.

Ces quatorze criminels étaient (2) :

Jean-Baptiste Turpin du Cormier, curé de la Trinité à Laval, 64 ans, né paroisse de la Trinité, Docteur en théologie de la Faculté d'Angers ; il exerça le ministère à Saint-Vénérand puis à la Trinité, et en devint curé en 1785. Doyen rural de Laval, prêtre très bon et très pieux, prédi-

---

31 mai 1793 (c'est la date la plus commune) pour finir le 27 juillet 1794 ; dans la Mayenne elle se prolongea jusqu'au 9 octobre.

Les *Terroristes, sans-culottes, etc.*, étaient les hommes au pouvoir sous la Terreur, ses agents et ses partisans.

(1) Le culte constitutionnel cessa à Laval à la mi-décembre 1793 et, quelques jours plus tard, l'église de la Trinité fut transformée en temple de la Raison. — Malgré le décret de la Convention du 17 novembre ayant pour but « de substituer un culte raisonnable au catholicisme » ; malgré la proposition « d'abattre tous les clochers parce que contraires à l'égalité », et la motion « d'arrêter tous les prêtres sans exception », le clergé constitutionnel continua d'exercer son ministère dans quelques paroisses rurales du diocèse jusqu'au temps de Pâques, 20 avril 1794 (V. Dom Piolin, *op. cit.*, t. II, p. 434-435.

(2) Nous avons résumé, à la suite des noms, les notices que donnent nos historiens.

cateur et confesseur apprécié, pasteur dévoué et charitable, très estimé des prêtres et des fidèles.

Jean-Marie Gallot, 46 ans, né paroisse de la Trinité. Vicaire à la Trinité, ensuite à Bazougers, il revint exercer le ministère à Laval, fut sous-chantre de la Trinité et aumônier des Bénédictines, mais dut cesser ses fonctions après avoir refusé le serment schismatique et se retira dans une pauvre maison qu'il possédait rue des Tuyaux où il vivait d'aumônes, ce qui ne l'empêcha pas de donner asile à M. Louis Gastineau, un de ses futurs compagnons de captivité et de martyre.

Joseph Pellé, 74 ans, né paroisse de la Trinité. Ancien chapelain des Religieuses Clarisses de Patience à Laval ; sous des manières brusques et peut-être trop populaires, il avait une instruction solide avec un jugement droit et dirigeait la conscience de beaucoup d'ecclésiastiques.

René-Louis Ambroise, 74 ans, prêtre habitué de la Trinité, né en cette paroisse, d'une famille janséniste d'imprimeurs à Laval, eut le malheur de tomber dans le jansénisme et d'encourir un interdit dont il fût relevé en 1779 ; il exerça le ministère à la Trinité. Nous l'entendrons renouveler courageusement la rétractation de son erreur devant le Tribunal révolutionnaire.

François Duchesne, ancien chapelain et diacre d'office du Chapitre de Saint-Michel à Laval, 58 ans, né paroisse de Saint-Vénérand, prêtre de grande austérité et vertu, jeûnait tous les jours, menait une vie d'anachorète, donnait tous ses revenus aux pauvres et jouissait de la réputation d'un saint ; bien que n'exerçant pas de ministère actif, il était souvent consulté par les personnes pieuses.

Julien-Francois Morin de la Girardière, 61 ans, né à Saint-Fraimbault-de-Prières, ancien vicaire à Saint-Martin de Mayenne, avait été obligé de renoncer au ministère par suite de ses infirmités et demeurait chez son frère, à la Fournière, en la paroisse de Saint-Vénérand. Il fréquentait assidûment le sanctuaire de Notre-Dame d'Avénières, voisin de sa demeure : sa charité lui avait valu une véritable vénération.

Le Père **Jean-Baptiste Triquerie,** 57 ans, né paroisse de la Trinité. Religieux franciscain, gardien du Couvent d'Olonne, puis aumônier de différentes

Maisons de Franciscaines et, en dernier lieu au Buron, en Azé, près de Château-Gontier, se montra partout excellent Religieux et directeur éclairé.

Jacques André, 50 ans, successivement vicaire à Rouez-en-Champagne et curé de Rouessé-Vassé (Sarthe), né à Saint-Pierre-sur-Orthe (dit autrefois Saint-Pierre-la-Cour), doyen rural de Sillé, homme d'un esprit remarquable, ayant acquis des connaissances étendues, toujours prêt à rendre service et très charitable, il avait l'estime et l'affection du clergé et des fidèles. Mais des meneurs, furieux de son refus de serment en 1791, excitèrent une émeute contre le digne prêtre et le contraignirent à se retirer à Laval, où il continua d'exercer son inépuisable charité jusqu'à son incarcération.

André Duliou, 66 ans, curé de Saint-Fort, près de Château-Gontier, né à Saint-Laurent-des-Mortiers (alors diocèse d'Angers), avait été précédemment vicaire à Miré : homme de grande simplicité, prêtre estimé pour sa piété, son zèle, son attachement au devoir et son désintéressement des biens de la terre.

Louis Gastineau, 66 ans, né à Loiron, chapelain des forgerons de Port-Brillet, en la Brulatte, avait auparavant exercé le ministère sacerdotal à Loiron, à Saint-Berthevin et à Olivet ; prêtre doux et bon, occupé uniquement de son devoir, aimant en particulier à instruire les enfants, il avait dans le clergé et parmi les fidèles la renommée d'un saint. Sa direction était recherchée ; sa parole et ses exhortations, en chaire et au Tribunal de la Pénitence, produisaient de beaux fruits de salut.

François Migoret-Lamberdière, 65 ans, né à Saint-Fraimbault-de-Lassay, curé de Rennes-en-Grenouille, après avoir été vicaire au Grand-Oisseau, se signalait par son zèle, son dévouement, sa charité et consacrait à instruire les enfants tout le temps que ne lui prenaient pas ses autres obligations sacerdotales. Il donna même des leçons de latin au cruel Volcler, l'accusateur public qui ne craignit pas de requérir la mort de son ancien maître.

Julien Moulé, 77 ans, né au Mans, paroisse de la Couture, ancien vicaire à Beaufray et principal du Collège de cette localité, curé très aimé et estimé de Saulges, de 1765 à 1792 : les dix dernières années de sa vie

furent éprouvées par de grandes souffrances qu'il endurait non seulement avec patience, mais avec une gaieté qui édifiait beaucoup.

Augustin-Emmanuel Philippot, 77 ans, né à Paris, en la paroisse de Saint-
Nicolas-des-Champs, appelé au lendemain de son ordination à la Bazouge-
des-Alleux, y remplit la charge de curé pendant près de cinquante ans, de
1743 jusqu'à la Révolution. Prêtre d'une piété exemplaire, d'une régula-
rité parfaite, d'un attachement inébranlable à ses devoirs, d'un commerce
très agréable, il était estimé de ses confrères et aimé de ses paroissiens,
des pauvres spécialement. Il avait le plus grand soin de l'instruction des
enfants.

Pierre Thomas, 75 ans, né à Mesnil-Rainfray (diocèse d'Avranches, de
Coutances aujourd'hui), ancien vicaire à Peüton, aumônier de l'hôpital
Saint-Julien à Chateau-Gontier depuis 1774 jusqu'à son emprisonnement
en 1792, faisait un grand bien au Tribunal de la Pénitence et les Religieuses de l'hôpital le tenaient en haute estime pour ses vertus et ses
talents. Un jour il leur dit, en désignant Sœur Sainte-Monique, Religieuse converse de leur Monastère : « Regardez : voilà une sainte. S'il y
a parmi vous une martyre, c'est elle que Dieu choisira ». Sa prédiction
se réalisa en 1794 : Sœur Sainte-Monique fut guillotinée cinq mois après
M. Thomas, l'un et l'autre en haine de la foi.

Ils étaient bien dignes de pitié, ces pauvres prêtres. Nous avons
signalé la chaîne qui le 22 octobre emmena à Rambouillet quatre-vingt-
huit de leurs compagnons de captivité, des vieillards de soixante,
soixante-dix, quatre-vingts ans et plus, un aveugle et des infirmes jugés
incapables d'être exilés en 1792 et en avril 1793 ; et on avait dû renoncer
à leur joindre les quatorze que nous retrouvons à Patience : quel devait
donc être leur état !

Ces pauvres prêtres étaient bien inoffensifs aussi. A peine délivrés
par les Vendéens le 23 octobre, ils avaient réintégré leur prison après le
départ de l'armée (1) et ne quittèrent pas même Patience lorsque les

____

(1) « Lors du dernier passage des *brigands* (Vendéens), les portes de la prison de Patience
furent ouvertes et les prêtres furent chez leurs parents et amis et, au retour de la Municipalité (qui s'était enfuie à l'approche des Vendéens), le citoyen Guilbert fit publier au son
de la caisse qu'ils (les prêtres) eussent à rentrer dans les vingt-quatre heures, ce qu'ils firent

Vendéens reparurent à Laval les 23 novembre et 13 décembre 1793. Que pouvait-on leur reprocher ? Ils n'avaient pas été exilés parce que la maladie et l'âge les mettaient dans le cas d'exemption prévu par la loi ; conformément à la loi encore, ils vivaient dans la prison commune qui leur avait été assignée. Ils y vivaient sans se plaindre, supportant patiemment un règlement très pénible, les plus dures privations et les mauvais traitements de leurs gardiens dont l'un surtout, Leclerc, se faisait remarquer par les plus odieux procédés. C'était, nous dit M. Changeon, un homme qui devait la vie à l'un des prisonniers, M. Turpin du Cormier. En sa faveur et en la faveur de plusieurs autres révolutionnaires condamnés à mort, M. Turpin du Cormier, malade, incapable de marcher, s'était fait porter, au mois d'octobre, auprès du prince de Talmont et avait obtenu leur grâce. Et Leclerc témoignait sa reconnaissance à son bienfaiteur et à ses amis en accablant les prêtres du mépris le plus vil, « les traitant de pourceaux et les couvrant de crachats ».

Leur douloureuse existence ne mettait certes pas la République en danger ; on avait le droit de croire qu'ils n'avaient rien à craindre même des farouches Commissions militaires ou révolutionnaires récemment instituées qui faisaient couler le sang à flots dans la Mayenne.

Car ces Commissions avaient été établies pour juger les rebelles (Vendéens et *Chouins*) pris les armes à la main, leurs complices ou adhérents ; les Représentants du peuple, Bourbotte et Bissy, le déclaraient formellement dans l'arrêté du 22 décembre 1793 qui avait nommé les Commissaires. Légalement, nos prêtres ne devaient rien avoir à redouter de cette Commission.

Mais le sang des insurgés ne suffit pas aux Commissaires. Il fallait à ces bêtes féroces du sang de prêtres pour assouvir leur rage. Ne le proclament-ils pas dans la sentence de mort qu'ils prononcent ? Les prêtres n'y sont-ils pas désignés et condamnés comme des hypocrites et des fanatiques pouvant « induire en erreur un peuple crédule, toujours facile à séduire dans ses opinions religieuses » ?

exactement avant les vingt-quatre heures expirées ». (Déposition du témoin Leclerc, commissaire de police et ancien gardien de Patience, par devant Midy, accusateur public, 17 pluviôse an III, Arch. dép., L 107 *bis. Procès des Terroristes*).

Nous appelons l'attention du lecteur sur ce point. Nous ne disons pas qu'il est décisif ; il est cependant de la plus grande importance.

ANTOINE-PHILIPPE DE LA TRÉMOÏLLE. PRINCE DE TALMONT
fils du dernier comte de Laval, général de la cavalerie vendéenne, guillotiné devant la porte
de son château de Laval, le 27 janvier 1794

Le drame du 21 janvier 1794 à Laval est uniquement un acte barbare de guerre au catholicisme ; les prêtres ont été mis à mort en haine de la foi ; et leurs bourreaux, en les envoyant à la guillotine, avaient pour but de ruiner la religion dans la Mayenne.

8

Nous allons en fournir la preuve.

L'acharnement contre le culte catholique est sans frein. Une marée de fange et de sang envahit la contrée. On voit des rénégats abdiquer publiquement leur prêtrise et brûler leurs lettres d'ordination. On pille les églises ; on les souille ; on les change en temples de la Raison et l'on y adore des idoles de chair, d'infâmes déesses, des courtisanes auxquelles l'encens est offert au milieu d'orgies immondes, indescriptibles, dignes des temps les plus corrompus du paganisme. La guerre au *fanatisme* (c'est-à-dire à la *religion* que représentent les prêtres surtout), est ouvertement déclarée et prêchée.

SIGNATURE DE GARNIER, DE SAINTES (1754-1820)
Conventionnel, envoyé en mission dans l'Ouest, 1793-1794

Le conventionnel Garnier, de Saintes, en arrivant dans le Maine, s'était écrié à la vue d'un prêtre : « Quoi ! encore des curés et les bûchers ne sont pas dressés ! » Au début de janvier, il envoie aux habitants de la Mayenne une circulaire dans laquelle on lit : « Citoyens, si vous voulez conserver votre liberté et assurer le bonheur de la postérité, débarrassez-vous de la tyrannie des prêtres, ce sont des êtres malfaisants ». Paroles incendiaires qui équivalaient à une provocation au meurtre dans ce temps où les passions étaient si violentes et surexcitées. La circulaire de Garnier fut affichée dans toutes les communes, lue et commentée dans les clubs. « Nous sommes tous persuadés de l'inutilité des prêtres, s'écrie le 9 janvier un orateur au club de Laval ; nous sommes l'ouvrage de l'Éternel. Qu'avons-nous besoin d'intermédiaires entre lui et nous ? » (1).

Les esprits étaient donc très excités quand un incident vint mettre le comble à la fureur des Terroristes.

La Commission *Clément* (la Commission révolutionnaire), établie le

(1) Dom Piolin, *op. cit.*, t. II, l. 6, ch. I, p. 404 et ch. II, p. 144.

22 décembre, part pour Mayenne et Ernée où elle se livre à sa sinistre
besogne jusqu'au 4 janvier. Le 5 elle est à Laval qui lui offre 1.200 détenus
dans ses prisons ; dès son arrivée elle fait fusiller 9 Vendéens, 19 le
lendemain et brusquement suspend ses séances jusqu'au 13 janvier. Ne

L'ÉGLISE DE NOTRE-DAME DE MAYENNE ET LES GRANDS MOULINS A LA FIN DU XVIIIᵉ SIÈCLE

doit-on pas attribuer la cause de ce chômage aux graves nouvelles qui
parvenaient de Mayenne ? Un membre du Directoire départemental,
Marat Quantin, venait d'y être emprisonné !

Bourbotte et Bissy l'avaient envoyé en mission à Fougères, Ernée et
Mayenne, réchauffer l'esprit révolutionnaire. Son rapport, en date du

14 janvier, nous fait connaître ses exploits et ses succès. « Il a porté un grand coup au fanatisme qui régnait encore ; emballé l'or et l'argenterie des églises ; fait briser les croix, les calvaires, les crucifix au cri de *Vive la République !* Les voiles du temple de la superstition sont déchirés ; la raison l'éclaire... le bonheur de tous est à l'ordre du jour (!) Mais, à Mayenne, pendant qu'il entreprend de renverser à jamais les idoles du fanatisme et de rassurer le peuple sur la liberté des cultes (!), les esclaves de la superstition, le crucifix à la main, aux yeux enragés, au teint pâle, font retentir les voûtes de *Vive Jésus ! A bas l'impie !* Il a beau tenir ferme, il est jeté en prison ».

SIGNATURE DE MARAT QUANTIN

Avocat, maire d'Ernée, membre du Directoire départemental, président du Comité révolutionnaire

Le fait de l'emprisonnement était exact : mais Quantin ne disait pas toute la vérité. Du haut de la chaire de Notre-Dame, il avait invité le peuple à « chasser les prêtres — tous scélérats et conspirateurs contre la nation — et à détruire tout ce qui rappelait la religion inventée pour asservir les hommes ». Il eut l'audace d'ajouter maints propos grossiers et obscènes, jusqu'à prêcher la théorie et la pratique de l'immoralité aux jeunes citoyens et surtout aux jeunes citoyennes, tant et si bien que l'ordurier prédicant avait soulevé l'indignation et le dégoût de son auditoire. Malgré le mandat dont l'avaient muni les Représentants, il fut emprisonné et son procès commença sans délai.

A cette nouvelle, le 4 janvier, Bissy et le Représentant Grosse-Durócher accoururent du chef-lieu à Mayenne. Bissy va manifester à la Société populaire sa surprise de « voir les flambeaux du fanatisme encore allumés à Mayenne », et veut en vain apaiser les têtes ; il n'ose pas cependant ordonner la mise en liberté du prisonnier. En vain encore le

Comité révolutionnaire de Laval vient à la rescousse, cherche à excuser son vice-président auprès des administrateurs de Mayenne et « réclame son cher collègue qui, dans la chaleur d'une discussion orageuse, a proféré des principes à la hauteur desquels le peuple n'a pas encore

SIGNATURE DE JACQUES-FRANÇOIS BISSY (1756-1831)
Député de la Mayenne à l'Assemblée législative et à la Convention

atteint, parce les prêtres continuent toujours de le tromper (1) ». Quantin ne fut délivré que le 10 janvier par des clubistes de Laval ayant à leur tête Mélouin l'apostat ; et, bien que l'Administration eût été renouvelée dans l'intervalle, aucun administrateur ne voulut prendre la responsabi-

SIGNATURE DE FRANÇOIS GROSSE-DUROCHER (1746-1820)
Député de la Mayenne à l'Assemblée législative et à la Convention

lité de libérer le prisonnier : des femmes seules — et quelles femmes ! — allèrent lui ouvrir les portes de la prison.

Un tel attentat commis contre un tel personnage devait amener de terribles représailles. A Laval, les Terroristes étaient au paroxysme de la fureur. Il fallait en finir au plus vite avec le fanatisme et ses suppôts. N'avait-on pas sous la main, à Patience (2), une réserve de prêtres qui

(1) Dom Piolin, *op. cit.*, pp. 406 et 408 ; Boullier, *op. cit.*, ch. XII ; *Vieux-Mayenne*, par M. Grosse-Duperon, p. 322 ; *Registre des copies de lettres du Comité révolutionnaire de Laval*, Greffe du Tribunal civil.

(2) Voici quelques dépositions de témoins au procès des Terroristes (Arch. dép., L 107 *bis*) : Anne Louvrier et Anna Ravenau, le 7 nivôse ; Adam le 8 pluviôse ; Bougrain, Moreau,

serviraient d'exemple et une Commission révolutionnaire sûre, comptant dans ses membres deux apostats qui brûlaient du désir de trouver des imitateurs ou de faire expier aux autres leur fidélité ? La guillotine enfin installée sur la place de la Révolution (13 janvier) réclamait ces victimes de choix. Le 21 janvier conviendrait à merveille pour leur exécution ; et ce jour est choisi dans une partie de chasse. On cite même le propos tenu entre Terroristes : « Voici le 21 janvier et le jour de régaler le bourreau. Faisons-lui exécuter les quatorze vieux calotins enfermés à Patience (1) ».

En attendant, les exécutions se multiplièrent à Laval. Quarante personnes à la fois furent fusillées dans le cimetière d'Avénières (2), et l'on assure que des exécutions semblables ensanglantèrent la ville et les environs, sans qu'on dise si elles furent ordonnées par la Commission ou par des généraux et des Représentants du peuple.

La guillotine fonctionna sans relâche du 13 au 19 janvier. Le 19, un décadi, il y eut repos et le lendemain également. On a remarqué que les Commissaires se livraient, surtout le décadi, à des débauches qui se prolongeaient et ne leur permettaient pas de se montrer en public le lendemain, bien qu'il ne fût pas rare de les voir siéger en état d'ivresse.

Le 20, parut une circulaire dans laquelle Volcler déclarait que *la*

Leclerc, Hayer, 17 pluviôse ; Dellière, 26 floréal, déposent « qu'ils ont été prévenus quelque temps à l'avance de l'exécution des prêtres » — « Juliot-Lérardière, administrateur, ayant rencontré Volcler, l'accusateur public, dans la salle du Directoire, lui demande : « Quand guillotinerez-vous donc une douzaine de prêtres scélérats qui sont encore à Patience et mangent du pain inutilement ? — Laisse-nous faire, répond Volcler ; repose-toi sur notre zèle ; dans peu, tu ne nous feras plus ce reproche ». En effet, quatre ou cinq jours après ils étaient guillotinés » (déposition de Bougrain, chef de bureau du Département). — Bescher, procureur général syndic, un des plus ardents Terroristes, annonce en partie de chasse aux citoyens Moreau, Adam et Hayer qu'on va guillotiner les prêtres. Moreau demande pourquoi, et Bescher répond : « Ça mange du pain perdu » (Déposition de Moreau). — Ce même Bescher demande à Leclerc combien il reste de prêtres à Patience : « Encore quatorze », répond Leclerc. Et Bescher de s'écrier : « Que faire de ces b... là qui mangent le pain de la République ? Il faut les envoyer à Nantes et les faire couler sous la planche comme les autres ». Là-dessus, Bescher va à la Commission militaire et revient en disant : « Tu ne les auras pas longtemps ». En effet, etc. (Déposition de Leclerc, commissaire public à Laval, ancien gardien de Patience).

(1) Relation de M. Changeon. — Perrin, *op. cit.*, t. I, p. 32.

(2) Au bas de la rue d'Avénières, à l'endroit qu'occupe l'école communale.

hache de la loi devait tomber sur la tête du traître et du parjure. Il désigne les *fanatiques* (les catholiques) et ordonne aux municipalités de faire arrêter ces monstres et de les lui livrer (1).

On le voit, c'est bien en haine de la religion et de la foi que les quatorze prêtres seront amenés à la Commission et condamnés à mort.

« Il est certain, dit Dom Piolin, que depuis quelques jours des meneurs exaltés allaient et répétaient par la ville qu'il fallait se débarrasser des vieux prêtres et en faire un exemple ».

(1) V. Appendice, *Circulaire de Volcler.*

L I B E R T É.   É G A L I T É.

§ 2. — De Patience au Tribunal.

Les détails que nous avons donnés et que nous donnerons sont extraits du dossier de l'enquête de M. Boullier (1839) et viennent surtout de deux témoins : Mlle Jeanne Rojoux et M. Ambroise Langlois.

Jeanne Rojoux était un de ces admirables anges de charité qui visitaient les infortunés prisonniers pendant la Révolution et leur rendirent d'inappréciables services. Elle devint ensuite une Religieuse sous le nom de sœur Marie-Madeleine, au monastère de la Visitation de Rennes : c'est là qu'elle comparut, le 10 juin 1839, devant une Commission rogatoire nommée, à la requête de Mgr Bouvier, par Mgr de Lesquen, évêque de Rennes, et fut interrogée au sujet des quatorze prêtres martyrs. Cette information canonique, faite en bonne et dûe forme, se compose de deux parties ; la première est la déposition, sous la foi du serment, de la Sœur devant MM. Coëdro, vicaire général, Supérieur des Missionnaires de Rennes, et Meslé, chanoine, curé de la Cathédrale ; la seconde est une relation dictée par elle à une de ses compagnes, « relation qu'elle reconnaît exacte et donne avec la même garantie que le procès-verbal » de son interrogatoire : le tout, signé par la Sœur et les Commissaires, constitue un document de premier ordre.

Nous y lisons qu'en assistant à la mort des prêtres, elle n'avait « d'autre but que de chercher une force dans leur constance à confesser la foi », priant pour que le « Bon Dieu donnât aux dignes ministres force et courage », et à elle la grâce de suivre leur exemple. « D'après les nombreuses arrestations qui avaient lieu sur le plus léger soupçon et les menaces qui m'étaient faites à moi-même, dit-elle, je m'attendais de jour

en jour à me voir transférée en prison et de là à l'échafaud : c'était la
marche ordinaire. J'avais un grand désir du martyre dont je n'étais pas
digne, et la vue de la constance de ces dignes ministres m'animait
puissamment à ne pas me désister de la bonne œuvre que j'avais entre-
prise en me dévouant au service des prisonniers ».

M. Ambroise Langlois, mort curé d'Avénières en 1838, avait assisté
à l'interrogatoire des Serviteurs de Dieu. Il en écrivit le récit en 1817, à
la demande de M. de Villiers. Et M. de Villiers avait fait cette demande
à la prière de M. Leveau, ex-curé de la Gravelle, aumônier de l'Hôpital
du Mans, qui devait transmettre ces renseignements à M. l'abbé Carron
pour son ouvrage *Les Confesseurs de la Foi*. M. de Villiers lui envoya
une copie du texte du jugement des prêtres, avec le récit de M. Langlois
alors vicaire à la Trinité : il en dépose le 11 mai 1839 devant M. Boullier
en lui remettant le précieux original de l'écrit fait par M. Langlois.

A ces pièces, M. Boullier joint plusieurs documents qui ne sont pas à
négliger, spécialement un extrait du manuscrit de M. Changeon, dont
une copie est aujourd'hui aux Archives départementales.

SIGNATURE DE M. ISIDORE BOULLIER (1791-1844)
Successivement procureur du roi, juge au tribunal de Laval, puis curé de la Trinité
Commissaire désigné en 1839 par l'évêque du Mans pour informer sur la condamnation
de nos quatorze prêtres

M. Changeon, vicaire à la Trinité avant et après la Révolution, curé
de Saint-Vénérand en 1809, mort en 1848, avait vécu avec M. Turpin du
Cormier et connaissait plusieurs des victimes du 21 janvier. Rentré en
France en 1801, il put recueillir de nombreux témoins des renseignements précieux et écrivit, vers 1817, une Relation à la demande de
M. Carron qui l'a insérée presque en entier dans son livre. M. Guillon
et M. Perrin lui ont fait aussi des emprunts auxquels ils ont ajouté

« beaucoup de circonstances moins exactes », dit M. Boullier, qui apprécie
très avantageusement le travail de M. Changeon : nous nous en sommes
servi dans les pages précédentes et nous nous en servirons encore.

*_**

Le 21 janvier avait été choisi (il est à peine besoin de le dire), pour
fêter révolutionnairement la mort de Louis XVI.

La veille, à 11 heures du soir, un joyeux souper réunissait chez la
veuve Chaperon, rue Sainte-Anne, à une table chargée de mets et de
vins, les Commissaires qui réglèrent tous les détails de la journée pro-
chaine. « Et ainsi, remarque M. Changeon, le sort des prêtres se décida
dans un festin, comme autrefois le sort de saint Jean-Baptiste... »

Les mesures avaient été bien prises. « La troupe avait été mise sous
les armes à la première heure du jour, et des patrouilles de cavalerie ne
cessèrent de parcourir les quartiers de la ville par crainte d'une révolte ;
car la plupart des habitants étaient dans les larmes et la tristesse. Et
même il ne manquait pas d'impies qui trouvaient qu'on eût mieux fait
de laisser les prêtres mourir en prison » (1).

On dut procéder à l'appel des détenus rassemblés dans la cour de
Patience.

On a dit que plusieurs des prisonniers, que tous peut-être, à part
M. Pellé, ignoraient leur sort et le lieu où ils étaient conduits. Nous ne
pouvons l'admettre. L'exécution était un projet arrêté depuis quelques
jours (2) et, bien que les prisonniers fussent sévèrement gardés, il est
inadmissible que les menaces de mort ne soient pas parvenues jusqu'à
eux ; leurs cruels gardiens, à défaut d'autres, n'auraient pas oublié de
leur répéter ces menaces pour les faire souffrir davantage. M. Pellé
pouvait plus facilement que ses confrères, il est vrai, avoir été averti

<hr>

(1) Dom Piolin, *op. cit.*, t. II, p. 540 ; Perrin, *op. cit.*, sect. 1, p. 32 ; Arch. de l'Évêché,
Enquête Boullier : Déposition de Jeanne Rojoux.

(2) Nous avons cité plus haut des dépositions de témoins qui le prouvent au procès des
Terroristes. Des femmes en parlaient, et à ce même procès, Anne Raveneau déclara que la
femme de Jean Moreau annonçait à ses amies, « comme en secret », la mort des quatorze
prêtres plusieurs jours avant l'exécution (Arch. dép., L 123).

par ses parents qui habitaient une maison voisine de l'enclos (1) ; on sait
même que, le 20 janvier, il leur envoya deux souvenirs précieusement
conservés dans sa famille, sa montre et un écu de trois livres, en char-
geant le porteur de dire qu'il leur faisait ses adieux et mourrait le len-

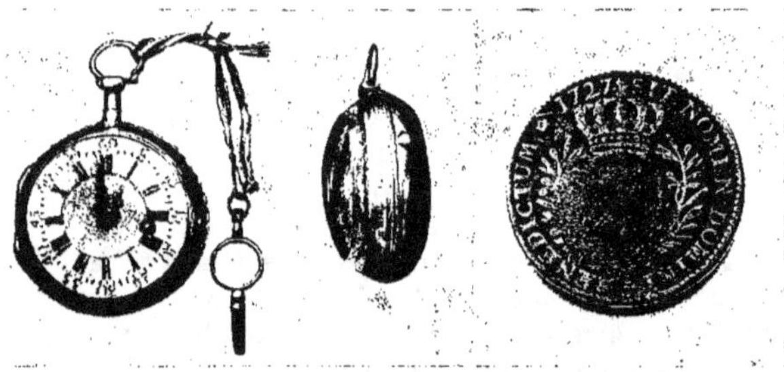

MONTRE AYANT APPARTENU A M. MORIN
MONTRE ET ÉCU DE TROIS LIVRES ENVOYÉS PAR M. PELLÉ A SA FAMILLE LA VEILLE DE SA MORT
Ces objets sont conservés actuellement par les familles des prêtres martyrs

demain. Mais précisément pour ce motif, M. Pellé dut prévenir ses
confrères : c'était pour lui un devoir sacré, et on peut être certain qu'il
ne l'aura pas omis dans une circonstance aussi grave.

D'autres prisonniers le savaient. Le lendemain de l'exécution, le
3 pluviôse an II, le gardien Guidony déclare au juge de paix René Le Gros
qui vient mettre les scellés à Patience, qu'au moment de partir la veille
pour le Tribunal, le prêtre Philippot lui a donné sa montre en or, et le

(1) Une de ses sœurs, Anne-Jacquine, Clarisse, fut la dernière Supérieure (19 octobre
1790-27 septembre 1792) du couvent dont M. Pellé devint un des chapelains en 1768. La
maison de ses parents se trouvait rue de Rennes, allée n° 7 aujourd'hui, et comprenait une
partie de l'auberge du Cheval-Blanc avec une maison voisine ; en face, d'autres membres
de sa famille habitaient. Pour lui, devenu chapelain de Patience, il avait pris à bail et
occupait avec une autre de ses sœurs, Marie-Thérèse, « une maison proche l'entrée de
l'escalier de Patience (dans le roquet) avec le jardin en dépendant » (Arch. dép., minutes
F. Nourry, notaire à Laval). On lui prête ce propos qu'il répétait en parlant de la Révolution : « J'ai le cou bien court ; on me le coupera pourtant » (Angot, *Dict. de la Mayenne*,
t. III, p. 244).

1er Jacques André

1er goutteux depuis long-tems, les articulations des
mains et des pieds contrefaittes par l'humeur
de la goutte épaissie. il assure qu'il est six
mois l'année sur le grabat.

3e François Duchesne

3e a un vieil ulcere sur la partie antérieure et
moyenne de la jambe gauche, il porte un cautère
à la partie inférieure et interne de la cuisse du
même côté; il a le genre nerveux extrêmement
irritable, ne peut marcher sans baton qu'avec
beaucoup de difficulté et sans éprouver des
convulsions dans tout son corps, ce dont j'ai été
témoin plusieurs fois, il est en outre attaqué d'
une hernie inguinale du côté droit.
Ses infirmités dureront autant que lui.

4e Jean-Marie Galot.

4e a une faiblesse dans les deux poignets, au point
qu'il ne peut se servir de ses deux mains qui
paraissent paralysées. il est sujet à des
fréquentes coliques bilieuses.

9e Julien François Morin

9e porte un cautère au bras droit, marche
difficilement de la jambe gauche qui est plus
courte que la droite, se plaint d'une douleur
dans le genouil droit et d'être sujet à des
oppressions.

13e Jean-Baptiste Triquerie

13e Goutteux depuis long-tems, il a les pieds et les
mains contrefaitts par cette maladie.

Certifie le contenu, au present tableau,
sincere et véritable.

Laval ce 5 Avril 1793.
L'an 2d de la République.

F. Hubert

EXTRAITS EN FAC-SIMILÉ DU CERTIFICAT MÉDICAL ÉTABLI LE 5 AVRIL 1793
PAR LE CHIRURGIEN FRANÇOIS HUBERT

Ces extraits sont pris sur une pièce intitulée : « État des Prêtres visitez ce jourd'huy dans la maison de Patience, en conséquence d'arrêté du Département de la Mayenne, qui ne me fut remis qu'hier au soir avec le tableau des Ecclésiastiques soumis à la visite ».

François Hubert, maître chirurgien, fut élu maire de Laval le 10 février 1790. Relevé de ses fonctions en novembre 1791, il fut nommé greffier du tribunal correctionnel, puis membre du Comité de surveillance et enfin juge de police correctionnelle (1794).

prêtre André lui a fait remettre un portefeuille contenant 28 # 12 s. 6 d. Qu'ils aient été mis en demeure de payer un salaire à leurs gardes, comme le dit Dom Piolin, ou qu'ils l'aient fait spontanément, peu importe ; en donnant ainsi l'un sa montre, l'autre le peu qu'il possédait, ces prêtres ne manifestaient-ils pas qu'ils savaient aller à la mort et ne plus revenir à Patience (1) ?

Pendant que les assassins — n'est-ce pas le nom qui leur convient ? — organisaient leur journée criminelle, nos prêtres s'étaient préparés dans le recueillement et la prière à paraître devant Dieu. Il est même très permis de croire qu'ils ont eu le bonheur d'assister à la sainte messe et de se munir de l'eucharistie le 21 janvier ; car ils avaient à Patience tout ce qui est requis pour célébrer la messe et le lecteur en verra la preuve dans un article publié à la fin de ce volume : comment les condamnés à mort n'auraient-ils pas voulu se fortifier du viatique divin avant d'aller au dernier combat (2) ?

Le départ des victimes eut lieu vers 8 heures (3), et, grâce au dossier de l'enquête, nous pouvons les suivre pas à pas. Le chemin qu'ils parcoururent pour se rendre au Tribunal est connu : deux témoins l'ont tracé, Victor Journée et Jeanne Rojoux.

Les prêtres sortirent par la grande porte de Patience qui s'ouvrait sur la rue des Tuyaux. Victor Journée demeurait en 1794 « vis-à-vis de cette grande porte ». Il dépose à l'enquête Boullier que, le 21 janvier, en prenant son déjeuner, attiré par le bruit, « il vit sortir des prêtres sur une charrette et la charrette descendre la rue des Tuyaux ». A la vérité le témoin ne mentionne pas le groupe parti en avant ; mais rien n'autorise à penser que tous ne soient pas sortis par cette même porte où les attendait la force armée chargée de les conduire devant la Commission.

Dix des prisonniers s'acheminaient très péniblement à pied entre deux haies de soldats ; suivait à quelque distance la charrette trouvée fortuitement dans les environs et réquisitionnée pour transporter au

(1) Arch. dép., L 123.
(2) V. Appendice : *La messe des prisonniers à Patience.*
(3) Dom Piolin, *op. cit.*, t. II, l. 6, ch. VI ; Boullier, *op. cit.*, ch. XIII, p. 204. — « Le 21, à huit heures du matin, les Confesseurs de la foi reçurent l'ordre de se rendre au Tribunal ». (Perrin, sect. 1, *op. cit.*, p. 32).

Tribunal les quatre autres prêtres, absolument incapables de faire un pas sans soutien. Parmi ces derniers, MM. Gallot et Migoret-Lamberdière sont formellement désignés par le gardien Leclerc dans sa déposition au procès des Terroristes et les deux autres ne sont pas nommés.

FAÇADE DU COUVENT DE PATIENCE SUR LA RUE DES TUYAUX
(État actuel)

Les prêtres quittèrent leur prison par la grande porte et l'escalier semi-circulaire servant d'issue à la partie centrale des bâtiments qu'on aperçoit au milieu de la photographie.

Qui étaient-ils ? Leurs noms ne peuvent être donnés d'une façon certaine. Le P. Triquerie, M. André, M. Duliou, M. Thomas, M. Duchesne, M. Morin, M. Moulé étaient très souffrants, mais tous ne l'étaient-ils pas ? Qu'on en juge d'après les notes des médecins qui les visitèrent pour la déportation et d'après les registres paroissiaux (1).

Le P. Triquerie est porté sur les registres : *très infirme, goutteux,*

(1) Arch. dép., *Registres de Patience*, L 123. — Registres paroissiaux de Saulges et de la Bazouge-des-Alleux.

mains et pieds contrefaits par la maladie. — M. André : *goutteux,
articulations des pieds et des mains contrefaites, six mois l'année
sur le grabat.* — M. Duliou : *paralytique et ulcéré.* — M. Thomas :
très infirme. — M. Duchesne : *ulcéré, porte un cautère à la jambe
gauche, ne peut marcher sans bâton et sans éprouver de convulsions ;
hernie inguinale du côté droit.* — M. Morin : *estropié, marche avec
une difficulté extrême, douleur habituelle au genou droit, porte un
cautère au bras droit, sujet à des oppressions, très infirme.* —
M. Turpin du Cormier : *goutteux.* — M. Ambroise : *hernieux.* —
L'âge et les infirmités dont était accablé M. Philippot *excitaient la
plus vive commisération.* — M. Moulé était *goutteux, parfois retenu
plusieurs mois au lit, avait besoin d'être aidé pour monter à l'autel.*

Descendant de la rue des Tuyaux au Carrefour-aux-Toiles, les prêtres
et leur escorte s'engagèrent dans la rue Renaise, prirent à gauche la
rue des Béliers, gravirent la place Saint-Tugal, le carrefour Mazure, la
rue du Pilier-Vert et parvinrent à la place de la Révolution (Place du
Palais de Justice) (1), entre la Maison de la Béraudière (dite encore de
la Bazoche ou des *Grandes écoles*) à droite, et celle de l'ancienne
chambre des comptes, à gauche des arrivants. Le Tribunal s'élevait, à
l'est, à l'angle du Roquet (montée *Ça ira*), où se voit aujourd'hui l'ancienne école communale. De la rue du Pilier-Vert au Tribunal la
distance est de moins de quarante pas ; avant de l'atteindre, les prêtres
passèrent au pied de l'échafaud dressé en permanence au nord de la
place, à peu près à égale distance des rues du Pilier-Vert et du Mûrier
ou Monte-à-Regret, dite encore à cette époque rue des *Vertus.*

Jeanne Rojoux, qui s'était rendue chez Madame Leprieur, rue
Renaise, les vit passer. « Dix seulement pouvaient marcher, dit-elle. Je
les suivis sur la Place du Palais, et peu après j'entendis le bruit d'un
tombereau où je vis quatre prêtres infirmes. »

(1) V. Appendice, *La Place du Palais de Justice.*

§ 3. — La Commission militaire ou révolutionnaire.

La Commission militaire ou révolutionnaire devant laquelle les ministres de Dieu, étaient amenés comprenait un président : *Clément* (notaire à Ernée), sectaire farouche, cruel, ivrogne notoire ; trois juges : *Pannard* (maréchal-ferrant à Mayenne), une brute constamment en état d'ivresse ; *Faur* (imprimeur à Laval) « un des coryphées de l'esprit révolutionnaire » ; et *Marie de la Colinière*, dit *Brutus* (notaire à la Croixille et juge de paix de Juvigné-des-Landes), « un forcené » ; un accusateur public : *Volcler* (prêtre, maire de Lassay), et un secrétaire-greffier : *Franklin Guilbert* (prêtre, vicaire à Viviers), deux apostats, deux démons. Elle est désignée comme une des plus cruelles de l'Ouest, et les deux Judas qui en faisaient partie n'ont pas moins mérité que les autres la note de cruauté sauvage. Peut-on donner le nom de juges à ces monstres dont la mémoire est à jamais flétrie ? Ce sont des brutes, des bandits, des assassins, des bêtes féroces, des vampires. On trouve parmi eux des ivrognes, des voleurs, des concussionnaires, des débauchés qui ne se plaisent qu'à se vautrer dans le sang et la boue, ne connaissent ni lois, ni justice, ni vérité, ni vertu, ni pitié et s'en vantent. « La Commission ne connaissait pas de lois », osera dire l'accusateur Garot, accusé à son tour. Pourquoi ont-ils tué des citoyens honorables, des femmes, des enfants ? « Parce que les gens d'esprit sont dangereux dans une république, parce que les femmes et les enfants font souvent plus de mal que les grandes personnes », répondent-ils en chœur. Ils se présentent ivres au Tribunal, dorment à la séance et se font réveiller pour condamner à mort. Leur amusement est de « peloter les têtes de leurs victimes, d'aiguiser le couteau de la guillotine et de savonner les coulisses... » (1). Leur malpropreté morale est dégoûtante ; on ne peut en parler, pas même rapporter leurs propos ignobles aux femmes dont ils outragent la pudeur à l'audience. Un jour, mis en demeure de rendre compte de tant de crimes et d'excès, ils se montrèrent aussi lâches qu'ils avaient été cruels ; ils nient leurs actes, leurs paroles, leur signature et ne veulent aucune responsabilité. Ils ont un seul regret et le disent entre eux, celui de n'avoir pas fait couper plus de têtes... Tous étaient animés d'une haine infernale, qu'attisaient encore les deux apostats de leur bande, contre la religion. Leur conscience, s'ils en avaient une, pouvait facilement s'acheter ; et des familles de la Mayenne qui sacrifièrent leur fortune entre leurs mains échappèrent à la prison et à la guillotine. Mais les prêtres et les Religieuses n'avaient pas de fortune à leur offrir ; le crime de fidélité à Dieu était d'ailleurs sans excuse à leurs yeux ; en d'autres cas ils ont pu ne pas envoyer à la guillotine des accusés dont Volcler demandait la tête ; il n'est pas à notre connaissance que Volcler n'ait pas requis et que les Commissaires n'aient pas voté la mort de celui qui osait professer la foi en leur présence. Ils feront comparaître à Ernée et condamneront à mort une Religieuse hydropique, sœur de la Charité d'Évron, Jeanne Véron, qui fut amenée presque mourante de l'hôpital sur une civière ; et l'ancien vicaire général de Mgr du Plessis d'Argentré, évêque de Limoges, François de Coüasnon de la Barillière, alité, paralytique, n'ayant plus que des lueurs intermittentes de raison : « Deux hommes le tenaient sous les bras et un troisième le poussait par derrière pour le monter à la guillotine » (2). Ces monstres n'ont besoin d'aucune preuve pour condamner à mort un accusé et le faire exécuter ; ils n'admettent aucun témoin à décharge et ne permettent pas même à l'accusé de se défendre. Si par exception ils se voient forcés d'entendre une de leurs victimes qui ose élever la voix et protester — tel l'ancien magistrat et député de l'Assemblée nationale, Enjubault de la Roche, au pied de l'échafaud — l'accusateur public réplique froidement : « Je tiens les génies et les orateurs pour gens plus propres à corrompre le peuple qu'à le servir ; je te condamne en mon âme et conscience ». Et le soir,

(1) Arch. dép. Ces détails viennent des témoins au procès des Terroristes, *loc. cit.*
(2) Arch. dép., *Déposition de Lemétayer, administrateur du district d'Ernée*, 14 avril 1795.

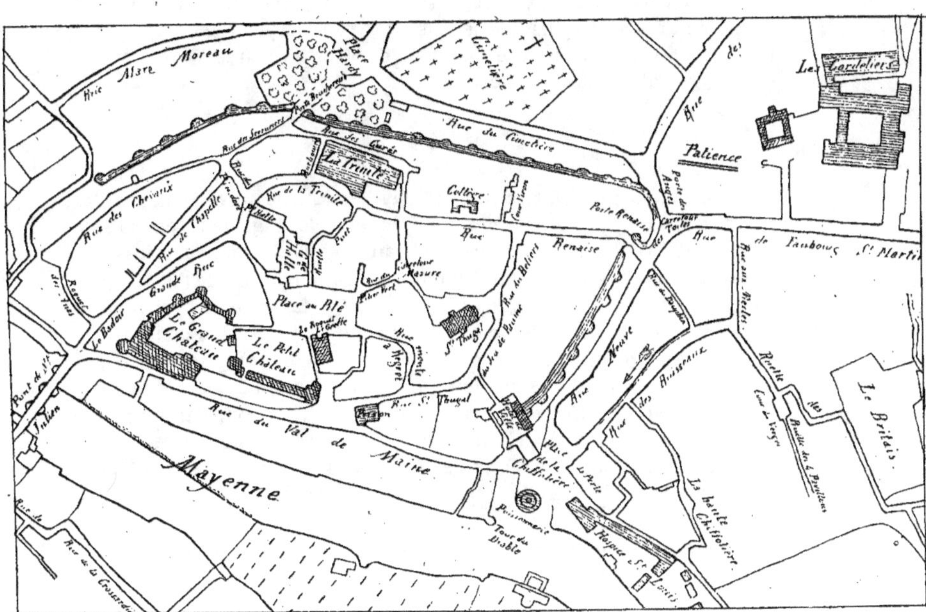

Extrait du « PLAN DE LA VILLE DE LAVAL PRODUIT DANS LE RAPPORT DE 1 A 2500 D'APRÈS LE PLAN PRIMITIF DE 1753 », à la fin du XVIIIe siècle

après l'exécution, un des juges, le maréchal-ferrant Pannard, dira publiquement dans un cabaret : « Enjubault a bien prouvé qu'on ne pouvait pas le condamner ; mais les juges savaient ce qu'ils avaient à faire (1) ». On connaît les fières paroles du prince de Talmont, amené mourant devant eux le 27 janvier. « Depuis quand es-tu avec les brigands ? lui demande-t-on. — Depuis que je suis avec vous, répond le prince... J'ai fait mon devoir, faites votre métier », dit-il encore. Infâme métier, en effet, digne d'hommes infâmes.

**

Ce tribunal sanguinaire, dit M. Boullier (2), ne suivait aucune des règles en usage dans les nations civilisées pour les jugements en matière criminelle. Tout était laissé à l'arbitraire ou plutôt aux caprices des juges et de l'accusateur public, qui disposaient à leur gré de l'honneur et de la vie de leurs concitoyens amenés sans préavis de comparution et sans aucun moyen de défense (3). Il n'y avait ni production de pièces de procédure ni plaidoiries. Tout se bornait à un interrogatoire pendant lequel on ne laissait pas toujours aux accusés le temps de s'expliquer. Tous les Commissaires parlaient indistinctement et coupaient la parole au malheureux qui voulait plaider sa cause. Après un simulacre de délibération, la sentence était rendue et, quand il s'agissait d'une sentence de mort, le condamné livré sur le champ au *vengeur du peuple* (au bourreau).

La Commission Clément a condamné à mort et fait exécuter trois cent quatre-vingt-quatre personnes, parmi lesquelles cent quarante-cinq femmes.

(1) Arch. nat., F I C, III, *Mayenne*, 5 ; W, 332 ; Arch. dép., *Registre du Directoire et du Comité révolutionnaire* ; Angot, *Dictionnaire historique de la Mayenne* : Enjubault.

(2) Nous résumons le texte de M. Boullier, *op. cit.*, ch. XIII, p. 199-201. — V. les auteurs déjà cités et M. Quernau-Lamerie, *op. cit.* ; l'abbé Gaugain, *op. cit.*, P. 1ʳ, t. II, ch. IV, § 2 ; *Sœur Sainte-Monique*, ch. IV, § 3, p. 59-94.

(3) A Paris, la Commission révolutionnaire signifiait aux détenus, la veille du jugement, un acte d'accusation banal qui était au moins un avis de se préparer à la mort. A Laval rien de semblable : on arrivait à l'improviste devant la Commission (Boullier, *op. cit.*, p. 200).

Midy, l'accusateur public près le Tribunal criminel de la Mayenne, chargé en 1794 d'instruire contre les Commissaires lors du procès des Terroristes, chercha vainement leurs pièces de procédure, « qui auraient été détruites par eux-mêmes pour éviter, dit-il, l'examen de leurs jugements ». Midy ne peut contenir son indignation en constatant « par les interrogatoires et la sentence, que des individus étaient condamnés à mort sans aucune charge » (1). Les mots manquent pour flétrir de tels juges.

Non seulement les pièces de procédure ont été détruites, mais les trois premiers cahiers des interrogatoires faits par la Commission sont

SIGNATURE DE FRANÇOIS MIDY (1752-1807)
Procureur du roi au grenier à sel de Craon, devint pendant la Révolution accusateur public
au tribunal criminel de la Mayenne, puis avoué à Laval, sous l'Empire

considérés comme perdus depuis longtemps, et le quatrième commence le 10 février 1794, suivi d'un cinquième et dernier qui va du 12 mars à la fin du mois : nous n'avons donc rien de ce chef pour le 21 janvier (2). Il est vrai que, s'il faut en juger par les deux cahiers qui restent, nous aurions eu peu de renseignements utiles. Les réponses des accusés y sont presque toujours résumées en peu de lignes et souvent en peu de mots, au gré d'un scribe qui ne signe même pas son procès-verbal. Par

(1) Arch. dép., série E, dossier *Midy*. — *Semaine Religieuse* de Laval, 1922, n° 9.
(2) Une seule pièce officielle existe, le jugement rendu le 21 janvier, dont la valeur juridique est incontestée. Nous possédons par ailleurs des renseignements précieux et certains en d'autres documents que nous avons indiqués précédemment et que nous utiliserons.

qui et devant qui les prévenus sont-ils interrogés ? Rien ne l'indique. Très rarement se trouve la signature de l'accusé à la suite de son interrogatoire. Que valent ces documents ?

Dans ces conditions, quelle justice attendre de ces hommes ? Quel crédit accorder à leurs accusations ? Ont-ils le moindre souci de la vérité ? Leur en coûtera-t-il plus de calomnier et de mentir en inventant les motifs d'une sentence que le jour où, ayant à répondre de leurs actes, ils nieront tout ? Le mensonge ! Mais ils le regardent comme un droit et une habileté contre leurs victimes ; c'est leur arme meurtrière et traîtresse de même que leur perfide malice a été de vouloir mêler ce qu'ils appellent le *fanatisme religieux* avec le *fanatisme politique*, en d'autres termes la religion et la politique, quand ils ont poursuivi les prêtres et les Religieuses. Leur unique préoccupation était de trouver un prétexte, puisque, nous l'avons vu, ils n'étaient établis que pour juger les rebelles pris les armes à la main et leurs complices. Les amis du diable s'inspirent de sa tactique. Mais le père du mensonge fut pris avec eux dans ses propres filets. L'attitude des prévenus désarçonnait les juges qui se voyaient obligés de porter la question sur le terrain de la foi et des vertus chrétiennes : leurs sentences de mort même ne leur évitaient pas la honte d'une défaite et découvraient le vrai mobile des persécuteurs ; bien mieux, elles serviront de témoignage juridique pour prouver le martyre.

On ne doit faire pleine confiance aux Commissaires que dans la mention du refus de serment : jamais ils ne manquaient de demander le serment au Confesseur de la foi et d'enregistrer son refus. C'était ce qu'ils voulaient surtout. Ainsi ils assouvissaient leur haine et se procuraient la joie sauvage d'envoyer à la guillotine l'accusé fidèle à Dieu.

Ce tableau et ces détails sont hideux : que fut donc l'horrible réalité ? Malgré notre répugnance, nous avons cru nécessaire, et nous nous en excusons une nouvelle fois, de les mettre sous les yeux de nos lecteurs, afin de mieux comprendre la scène à laquelle nous allons assister.

LIBERTÉ,   **EGALITÉ.**

§ 4. — Au Tribunal.

Les quatorze prêtres, que nous savons condamnés à l'avance, ont à comparaître devant cette Commission avec six autres accusés (cinq Vendéens et François Chéhère, de Menil), amenés ce même jour, mais jugés à part.

« Les dix premiers montèrent à l'audience, écrit Jeanne Rojoux, et je les suivis avec Madame et Mademoiselle Guitton (deux de ses amies). Ces Messieurs étaient sur le banc des accusés. La salle d'audience était remplie. Il s'y trouvait peu de bons catholiques, mais bien des ennemis de l'Église. Je me trouvai trop loin et peu à même d'entendre. Une foule de ces hommes de sang nous barrait le passage. Ils triomphaient, disaient-ils, de voir tomber la tête de ces vieux calotins.

« Mademoiselle Guitton et moi nous nous retirâmes navrées de douleur. Madame Guitton, mieux placée, vit tout, entendit tout et nous le rapporta ».

On voit que la Commission était pressée d'expédier l'affaire, puisqu'elle fait introduire les dix prêtres arrivés les premiers, sans attendre les quatre qui viennent dans le tombereau et du reste ne tardent pas à paraître.

Ordinairement ses jugements étaient vite rendus ; mais, le 21 janvier, elle avait des raisons particulières pour agir ainsi. Les précautions militaires prises dans la ville et sur la place de la Révolution, sont la preuve que les Commissaires, qui n'ignoraient pas les sentiments religieux de la population, craignaient de sa part une émeute.

En admettant que les premiers prêtres aient quitté Patience vers 8 heures, ils ne durent pas pénétrer dans la salle d'audience avant 8 h. 1/2.

La distance de Patience à la Place du Palais n'est pas longue ; mais il faut tenir compte des préparatifs forcés du départ et aussi de la marche pénible des prisonniers. Et les prêtres descendaient à 11 heures du prétoire pour se rendre à l'échafaud : l'interrogatoire des vingt accusés, le réquisitoire de Volcler, la délibération des Commissaires, le jugement, la toilette des condamnés faite par le bourreau et les derniers apprêts de l'exécution avaient demandé moins de deux heures et demie ! Si l'on réduit au minimum le temps des actes qui ont suivi l'interrogatoire, il reste un peu plus de quatre minutes peut-être pour interroger et entendre chaque détenu ! Par conséquent les réponses devront être très brèves comme les questions ; aussi lorsqu'un prêtre prétend se défendre, lui impose-t-on silence en lui intimant « qu'il n'est pas là pour prêcher ».

On ne s'étonnera donc pas de ces dépositions de témoins au procès des Terroristes : « Tous les juges à la fois interrogeaient les prêtres ; ils se disputaient à qui ferait les questions et paraissaient ivres ; les accusés n'avaient pas la permission de s'expliquer et il leur fut ordonné de répondre par des oui ou des non ; les questions étaient mêlées d'insultes que tous les membres à l'envi adressaient à l'accusé », etc. (1).

Le 15 juin 1839, un voisin de Patience, Victor Journée, que nous avons déjà cité, dépose en ces termes devant M. Boullier : « Je voulus voir ce que les prêtres allaient devenir et je me rendis à l'audience. J'entendis les juges leur dire : Vous n'avez pas fait le serment ; voulez-vous le faire ? Leurs voix étaient si faibles que je n'entendais pas les réponses. Au bout de quelque temps, les juges dirent qu'ils étaient condamnés à mort » (2).

____

(1) Ménard, 12 pluviôse an III (31 janvier 1795) ; Chevreul, 13 floréal (2 mai) ; Donneau, 17 floréal ; Lesegrétain du Patis, 24 floréal. — Dans sa note présentée au Tribunal criminel le 6 nivôse an III, Enjubault Boëssay formule aussi plusieurs de ces accusations contre les Commissaires à l'audience du 21 janvier 1795.

(2) Arch. de l'Évêché, *Enquête Boullier*.

*
*

Il faut se représenter nos prêtres dans ce milieu et ces conditions pour apprécier leur héroïsme. Il faut ajouter que trois années de persécution ont été impuissantes à leur desceller les lèvres et à leur arracher les quelques paroles qui auraient assuré leur liberté. Mais c'eût été trahir Dieu et leur conscience ; sacrifiant tout généreusement, les athlètes du Christ, sans défaillance, sans hésitation, ont rejeté les serments impies (1).

Les victimes sont en face de leurs bourreaux. Voici le moment qui décidera de leur vie ou de leur mort : n'est-ce pas un spectacle renouvelé des premiers temps de l'Église ?

Épuisés par l'âge et les maladies auxquels se sont jointes les fatigues et les privations d'un emprisonnement de dix-huit mois, les accusés n'ont aucun doute sur leur sort, s'ils persistent dans leur résistance : la guillotine les guette.

Leur courage et leurs forces vont-ils les trahir ?

Écoutons-les.

(1) Dans les *Martyrs de la foi*, M. Guillon dit que les prêtres de Patience furent réunis dans les premiers jours de janvier et que, mis en demeure de prêter le serment, tous renouvelèrent leur refus. Le fait est possible, car partout, en ce mois de janvier, on multiplia les instances et les menaces pour obtenir le serment de Liberté-Égalité. Les prêtres ne l'avaient certainement pas prêté auparavant : les Administrateurs le signalent au Ministère de l'Intérieur en 1792 (V. Appendice, *Les prêtres prisonniers à Patience en octobre 1792 et le serment de Liberté-Égalité*, p. 101).

§ 5. — L'Interrogatoire.

Nous ne savons pas d'une manière certaine quel a été le rang de comparution des prévenus. A défaut du registre disparu des Archives départementales qui nous eût renseigné, nous devons nous référer aux dépositions des témoins, et, malheureusement, bien qu'ils rapportent les mêmes choses en substance, les témoins n'ont pas suivi le même ordre. Jeanne Rojoux s'est vue obligée de résumer l'interrogatoire de quelques-uns, « dont elle a perdu les noms de vue » ; M. Langlois est arrivé après l'audition de plusieurs des accusés ; M. Changeon et nos historiens ne paraissent pas s'être préoccupés de ce détail.

Nous n'avons donc pas la prétention d'indiquer ici l'ordre réel dans lequel les prévenus ont été interrogés ; c'est d'ailleurs une question peu importante. Nous suivrons, à moins d'indication contraire, le récit plus explicite de Jeanne Rojoux.

Il est probable que, suivant l'usage, chacun des accusés eut d'abord à décliner son nom, son âge, son origine, son domicile et sa qualité.

M. Jean Turpin du Cormier. — Le Président (Clément) adresse la parole à M. Turpin du Cormier et lui dit : « Approche ici, prévenu ; prends ton chapeau et ôte ta cocarde (1). Apprends que tout prévenu ne doit pas paraître avec la cocarde ». Et pendant qu'on donne à M. Turpin des

____

(1) Les prêtres avaient été autorisés par Mgr de Gonssans, dès le 18 juin 1791, à ne plus porter le costume ecclésiastique pendant la Révolution.

ciseaux pour enlever la cocarde qui était cousue, le juge Faur fait cette réflexion : « S'il est digne de la porter, il la reprendra ».

Le Président continue : « Comment t'appelles-tu ? — *Turpin du Cormier.* — Ton nom de baptême ? — *Jean.* — Ton état ? — *Prêtre et*

ÉGLISE DE LA TRINITÉ, A LAVAL, AU DÉBUT DU XIX⁰ SIÈCLE
(Dessin appartenant à M. Renier)

MM. Turpin du Cormier, Gallot, Pellé et Triquerie sont nés dans la paroisse de la Trinité
M. Ambroise y fut prêtre habitué

Doyen de la Trinité. — As-tu prêté le serment exigé par la loi ? — *Non.* — Le second, de Liberté-Égalité ? — *Non.* — As-tu conseillé à tes prêtres, dans la conversation ou la confession, de ne pas le prêter ? — *Citoyen, lorsqu'on nous a demandé le serment, nous nous sommes assemblés et, après avoir conféré sur cela, nous avons reconnu que notre conscience ne nous le permettait pas.* — Où s'est tenue cette *assemblée? — Dans la salle du presbytère, lieu ordinaire des délibérations ecclésiastiques, en présence de M. le Procureur-syndic,* M. *Laroche.* — Veux-tu prêter aujourd'hui le serment? — *Non.* »

M. Changeon rapporte différemment cette dernière question et la réponse. Après la déclaration de M. Turpin du Cormier relativement à

SIGNATURE DE M. TURPIN DU CORMIER

la décision du clergé, il dit que le Président s'écria : « Mais ce serment n'est autre chose que d'obéir à la loi. Et c'est toi qui as empêché tes prêtres de le faire. Veux-tu prêter le serment de 93 ? (Serment de Liberté-Égalité décrété non en 1793, mais en 1792). — *Pas davantage : il est aussi opposé à la loi de Dieu* ».

Guilbert (secrétaire-greffier), prêtre-jureur, fit alors cette réflexion : « Il n'est pas méchant ; c'est Denais, son vicaire, qui l'a perdu » (1).

(1) Lorsque la condamnation à mort des quatorze prêtres fut prononcée, la marque de sympathie donnée lors de l'interrogatoire, se renouvela en faveur de M. Turpin du Cormier ; quelques révolutionnaires se dirent les uns aux autres : « Il est bien malheureux pour lui qu'il se soit laissé conduire et dominer par ses deux coquins de vicaires. Ah ! si nous les tenions ! Ils mériteraient bien de monter à sa place. Le pauvre Mabon (surnom familier donné au curé de la Trinité et reproduisant une expression qu'il employait fréquemment), le pauvre Mabon meurt victime de sa trop grande bonté ». *(Relation de M. Changeon).*

On avait, en effet, répandu le bruit que M. Turpin du Cormier s'était montré disposé à prêter le serment, et en avait été empêché par ses deux vicaires, MM. Pierre Denais et François Changeon. C'était pure calomnie. Lors de la nomination d'un évêque constitutionnel, les électeurs lui firent offrir l'évêché de la Mayenne et M. Turpin du Cormier refusa, se montrant par là opposé au serment de la constitution civile du clergé, avant que le Saint-Siège ne l'eût condamné, et même avant qu'il n'eût été demandé dans la Mayenne. « La foi du juste était trop éclairée, trop ferme pour qu'il consentît à être l'apôtre du schisme ». M. Changeon termine par ces mots un beau portrait qu'il trace de son ancien curé. Que M. Turpin du Cormier n'ait pas voulu passer pour approuver l'élection de l'évêque constitutionnel, la chose est certaine puisqu'il refusa de célébrer la messe solennelle d'action de grâces à l'occasion de l'élection : le procès-verbal qui est aux Archives départementales et une lettre de M. Turpin du Cormier le prouvent. Mais le fait d'une proposition de l'évêché n'a pas la même certitude. Il est possible que quelques électeurs, sans mandat officiel, aient demandé au curé de la Trinité de laisser porter son nom au scrutin : ainsi s'expliqueraient les paroles de M. Changeon.

M. Augustin Philippot, curé de la Bazouge-des-Alleux, un des plus âgés
parmi les prisonniers, fut interrogé ensuite. Il était extrêmement sourd.
Après lui avoir demandé son nom, son prénom, son âge, son état, ses
fonctions, voyant qu'il ne répondait à aucune de ses questions, le président. s'étant assuré de la surdité du prévenu, dit : « Faites-lui entendre
seulement cette demande : « Voulez-vous obéir à la loi et prêter le serment exigé ? » A force de le lui répéter, M. Philippot entendit et répondit
avec fermeté : *Non, non. Aidé de la grâce de Dieu, je ne salirai pas
ma vieillesse.* — « A un autre », s'empressa de crier Clément.

M. François Duchesne se présenta. Il jouissait d'une grande vénération
dans le public pour ses vertus et en particulier pour sa très grande
charité envers les pauvres et les malades, qu'il aimait à visiter dans les

SIGNATURE DE M. DUCHESNE

hôpitaux et à soigner de ses mains. C'était aussi un grand pénitent, que
l'on trouva encore revêtu d'un cilice lors de l'exhumation à la Croix-
Bataille.

Comment t'appelles-tu ? demande le Président. — *Duchesne, prêtre
et chanoine de Saint-Michel.* — As-tu prêté le serment exigé ? — *Non.*
— Le second, de Liberté et d'Égalité ? — *Non.* — Veux-tu le prêter
aujourd'hui ? M. Duchesne fit remarquer, en s'appuyant sur une loi qu'il
cita avec sa date, qu'on n'avait pas le droit de l'exiger de lui puisqu'il
n'était pas fonctionnaire. Les juges l'interrompirent et renouvelèrent la
demande à laquelle le confesseur de la foi répondit par *un refus net.*
Des témoins affirment que Clément lui aurait même dit : « Dans le cas
où on te demanderait de renoncer à tous les cultes, même au culte catholique, qui est le tien, ferais-tu le serment ? » (Arch. dép., *Procès des
Terroristes*). Quelques patriotes ne purent s'empêcher de faire ces
réflexions : « C'est un saint ! Quel dommage qu'on fasse périr un si brave
homme ! » Et encore : « Celui-là ne mérite pas la mort ; il est malheureux qu'on le guillotine ».

M. René Ambroise (1), qui fut ensuite interrogé, avait encouru autrefois des peines ecclésiastiques à cause de ses opinions jansénistes. Le Président, qui ne l'ignorait pas, espérait le détacher des autres prêtres et lui dit insidieusement, après lui avoir demandé son nom : « Pour toi, j'espère que tu ne seras pas rebelle à la loi ; car tu n'as jamais partagé les sentiments de tes confrères. — *Je veux bien obéir au gouvernement ; mais je ne veux pas renoncer à la religion.* — N'es-tu pas janséniste ? — *Je*

SIGNATURE DE M. AMBROISE

confesse, répondit humblement M. Ambroise, *que j'ai eu le malheur d'adopter des opinions qui n'étaient pas conformes à la saine doctrine ; mais Dieu m'a fait la grâce de reconnaître mes erreurs que j'ai abjurées devant mes confrères et j'ai été réconcilié avec l'Église. Prêt à paraître devant Dieu, je suis content de laver mon crime dans mon sang.* — As-tu prêté le serment de 91 ? — *Non.* — Le second, de Liberté-Égalité ? — *Non.* — Veux-tu le prêter en ce moment ? — *Non.* »

(1) Nous savons que M. Ambroise appartenait à une famille janséniste. Il fut ordonné prêtre en 1744, tint les petites écoles depuis la Toussaint 1743 à mai 1744, à l'école de la Grande-Rue et ensuite rue des Chevaux, du 1ᵉʳ mai 1744 à octobre 1745 ; il paraît avoir exercé le ministère à la Trinité comme prêtre-vicaire jusqu'à la fin de 1748, devint prêtre habitué de la paroisse et fut certainement interdit pour être tombé dans le jansénisme avant 1767 ; la veuve Hovius, sa sœur, le dit sans détour dans un acte judiciaire (Arch. dép.). Dans le *Dictionnaire historique* de M. l'abbé Angot on lit que sa censure cessa en 1779. La belle protestation de foi que M. Ambroise fit au Tribunal le 21 janvier 1794 montre assez quels étaient ses sentiments. M. l'abbé Guillon s'est permis de ne pas reproduire cette protestation (qui le gênait) du confesseur de la Foi. — M. Ambroise s'adonnait volontiers à la sculpture. Il avait acquis en 1773, dans le voisinage de la Perrine, une petite maison qu'il fit reconstruire et dont lui-même aurait taillé les pierres du perron et du portail donnant sur la rue. Cette maison, dans laquelle s'installa Mgr Wicart en arrivant à Laval, était loin d'avoir, au temps de la Révolution, les proportions qui lui ont été données plus tard ; elle porte le nº 33 de la place de Hercé.

M. Joseph Pellé (1) répondit fermement (2) : *Vous me demandez un serment que la Religion me défendit de faire en 1791. Mais ce serment, qui n'est aujourd'hui qu'une dérision, puisque cette constitution civile du clergé n'est pas moins anéantie que la constitution du*

SIGNATURE DE M. PELLÉ

royaume, ce serment, dût-il me sauver la vie, je le refuse ; ma conscience ne me le permet pas. Le Président veut l'interrompre et le presse de questions. M. Pellé réplique : *Vous m'ennuyez avec votre diable de serment.* Et par trois fois il répète : *Je ne le ferai pas* (3).

M. André Duliou ne répondit aux demandes de serment que par un « non » laconique. — As-tu fait le serment ? — *Non.* — As-tu la résolution de le faire ? — *Non.* — Tu ne le feras donc pas ? — *Non.*

M. François Migoret-Lamberdière était paralytique ; quand vint son tour, le vieillard, qui avait jadis traité comme un fils l'accusateur public, ne put s'empêcher, d'après M. Perrin (T. I, p. 33-34), de lui reprocher son ingratitude : « Quoi, fit-il avec douceur, c'est donc toi, Volcler, qui demandes ma mort, toi qui veux me traîner au supplice ? Ne te souviens-tu plus que je t'ai accueilli dans ma maison, admis à ma table ; que je t'ai appris les premiers éléments de la langue latine ; que je t'ai tendrement aimé ? » — Le serment ou la mort, s'écrie l'ingrat. — *Eh bien, la mort !* reprend humblement le disciple du Dieu crucifié par son peuple (4).

M. Pierre Thomas, paralytique, répondit aux questions du Président par le même refus que ses confrères (5).

(1) Jeanne Rojoux fait comparaître avant M. Pellé le P. Triquerie, dont nous renvoyons l'interrogatoire à la fin, à cause de son importance et de sa similitude avec celui de M. Gallot.

(2) A une première question, M. Pellé s'était déclaré âgé de 74 ans et Guilbert avait observé sinistrement : « Il y a longtemps qu'il mange du pain ». (*Déposition de Millet au procès des Terroristes,* Arch. dép.).

(3) V. Appendice, *MM. Pellé, Migoret-Lamberdière et Thomas.*

(4 et 5) V. Appendice, *ibid.*

Ni les témoins ni les historiens ne rapportent en détail les réponses de **MM. Julien Morin de la Girardière, Moulé, Louis Gastineau** et **Jacques André.** Jeanne Rojoux se contente de dire : « M. Morin et d'autres dont j'ai perdu les

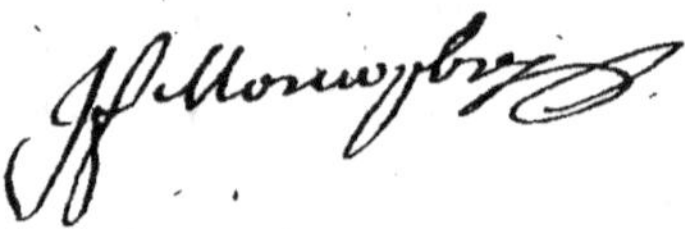

SIGNATURE DE M. MORIN DE LA GIRARDIÈRE

noms de vue, quand on leur demanda s'ils avaient obéi à la loi en prêtant le serment, répondirent « *non* » avec une grande fermeté. On leur demanda s'ils étaient disposés à le faire sur l'heure : *ils refusèrent constamment* ».

SIGNATURE DE M. MOULÉ

Mais Jeanne Rojoux, MM. Ambroise Langlois, Changeon et Boullier s'étendent sur les interrogatoires des deux prêtres qui restent : le P. Triquerie (1) et M. Gallot.

SIGNATURE DE M. GASTINEAU

Au **P. Jean-Baptiste Triquerie,** franciscain, le Président demanda : « As-tu prêté le serment de 91 ? — *Non.* — Le serment de Liberté-Égalité ? — *Non, citoyen. J'étais sur mon lit, malade, lorsqu'on demanda le serment.* — Ce n'est pas là une dispense,... interrompit Volcler. Moi, j'étais malade, je me fis apporter le registre sur mon lit et je signai mon

(1) Jeanne Rojoux rapporte plutôt sommairement l'interrogatoire du P. Triquerie ; les autres sont plus explicites.

serment (1). — *Citoyen,* répliqua le P. Triquerie, *j'étais fils de saint François ; par mon état je devais être mort au monde et j'ignorais ses lois. Mon unique occupation dans ma solitude était de prier Dieu pour ma patrie, ce que je n'ai jamais manqué de faire...* » Il fut interrompu par ces mots : « Ne viens pas ici pour nous prêcher... Et depuis que tu n'es plus aumônier des Franciscaines, qui t'a donné les

LE MONASTÈRE DU BURON
dont le P. Triquerie fut aumônier. Vue prise en 1865

moyens d'existence, puisque tu n'as pas de fortune ? — *Citoyen, la charité des fidèles* ».

M. Langlois pénétrait dans la salle au moment de cet interrogatoire et il note ce passage très grave à signaler :

« Le P. Triquerie, dit-il, fit remarquer que personne ne lui avait demandé le serment (et voulut en savoir la signification). Alors le Président le lui explique ainsi :

« Le serment que nous exigeons de toi, c'est d'être fidèle à la République, de ne professer aucune religion, ni la catholique qui est sans doute la tienne... A cette demande, le vieillard répondit avec le zèle le plus ardent : — *Ah ! vraiment non, citoyen. Je serai fidèle à Jésus-Christ jusqu'au dernier soupir* ».

« Jamais je n'oublierai cette réponse, ajoute M. Langlois ; cette belle

(1) Volcler se garde bien de faire connaître qu'il avait auparavant juré, du haut de la chaire à Lassay, *qu'il ne jurerait jamais.* Bientôt, il est vrai, il se parjura, fit et signa le serment et se montra le plus acharné persécuteur de l'Église, des prêtres, des religieuses et de tous les chrétiens.

confession de foi me toucha jusqu'au fond du cœur, et je crus entendre les martyrs des premiers siècles ».

M. Changeon rapporte dans les mêmes termes la confession de foi du P. Triquerie, et dans le procès des Terroristes, des témoins déposent que les juges entendaient bien exiger l'apostasie de la part des prêtres. Le 12 pluviôse, Marie Ménard déclare que « le greffier, les juges, l'accusateur public questionnaient ensemble et tous à la fois ces pauvres malheureux (les prêtres, le 21 janvier) ; qu'il leur était fait les questions les plus ridicules ; qu'on leur demandait de renoncer à leur religion catholique ; que le refus de leur part de le faire les fit condamner à mort... » Le 12 floréal, Catherine Vallemont dépose que (le 21 janvier, à l'audience), elle entendit Faur, l'un des juges, leur dire (aux prêtres) qu'il fallait qu'ils renonçassent à leur religion, et qu'elle fut si outrée de ces propos qu'elle s'en fut sur le champ ».

L'importance de cette explication du sens que les juges déclarent attacher au serment, est très grave et ne doit pas être oubliée.

A la fin de son interrogatoire, le P. Triquerie éprouva une sorte de syncope et demanda la charité d'un peu de vin. Une de ses parentes, la femme Ducret, avertie, accourt au Tribunal et, dans l'impossibilité de s'approcher du malade à cause des assistants, lui fait passer de main en main une petite fiole de vin et un verre. Guilbert s'écria qu'il fallait être complice des prêtres pour venir ainsi leur apporter des secours et commanda à quatre fusiliers de conduire sur le champ la femme Ducret en prison, où elle resta trois jours (1).

M. Jean-Marie Gallot, incapable de marcher, fut porté par deux hommes à la salle d'audience. En se rendant au banc des accusés, le pauvre prêtre impotent eut le malheur de froisser le pied d'un grand patriote (2), qui s'emporta contre le calotin et l'accabla d'injures. Le digne ministre de Jésus-Christ l'écouta avec patience, lui fit humblement des excuses en disant qu'il l'avait heurté bien involontairement et lui donna sa montre

(1) *Déposition de la femme Ducret au procès des Terroristes.* M. Changeon, M. Perrin et autres se sont trompés en disant qu'elle fut condamnée à mort au bout de cinq semaines de détention et qu'un chirurgien la fit s'évader.

(2) Ce mot de « patriote » désignait — nous l'avons noté plus haut — les républicains exaltés que le peuple appelait des *patauds*.

pour l'apaiser. — « As-tu prêté le serment de 91 ? demanda le Président. L'accusé déclara *n'avoir prêté ni le serment de 91, ni le serment de Liberté-Égalité*, et *pria qu'on lui expliquât le sens de l'acte qu'on requérait de lui*.

« C'est, lui répondit Clément, d'être fidèle à la République et de ne professer aucune religion, ni la catholique ni aucune autre. — *Citoyen*, répondit M. Gallot, *je serai toujours catholique*. — Publiquement ? — *Oui, publiquement, sur les places publiques, n'importe où, je me dirai toujours catholique. Jamais je ne rougirai de Jésus-Christ* ».

« Il y avait à côté de moi, écrit M. Langlois, à qui nous empruntons ces dernières réponses, identiques du reste à ce que nous savons par

SIGNATURE DE M. GALLOT

Jeanne Rojoux, des patriotes qui disaient : Qu'il est effronté ! Il dit qu'il sera catholique publiquement ! Ce qui donnait lieu à ces observations, c'est que plusieurs des prêtres, sur la demande qu'on leur faisait s'ils seraient toujours catholiques publiquement, avaient répondu qu'ils seraient toujours catholiques ; mais que si les circonstances ne leur permettaient pas de le dire publiquement, ils se tairaient (1). Le greffier Guilbert avait écrit que M. Gallot avait déclaré qu'il professerait toujours la foi catholique quoique la loi le lui défendît ». — *Je ne vous ai pas dit cela*, reprit M. Gallot, *mais vous pouvez le mettre*. — Guilbert répartit : « Sois sûr que tu vas être guillotiné ». Et le prévenu dit tranquillement :

(1) Il y a obligation de professer extérieurement la foi lorsque l'honneur dû à Dieu ou l'utilité du prochain le demandent : la persécution, la menace et le péril de mort ne permettraient jamais alors de renier la vraie foi, ni de professer une fausse religion ou même de la simuler par un acte purement extérieur que le jureur désavouerait intérieurement. — Quand cette obligation n'existe pas, il peut être permis, pour de justes raisons, de ne pas manifester extérieurement la foi. (C'est dans ce dernier sens que doit être interprétée l'explication prêtée aux prêtres, qui pouvaient envisager aussi le cas de culte religieux extérieur interdit par le pouvoir civil).

« *Ce sera bientôt fait* ». A lui encore on demanda qui subvenait à ses besoins. — *La Providence,* répondit-il ».

La Commission avait-elle eu l'espoir de rencontrer un apostat parmi les quatorze prêtres ? Alors sa déception fut complète ; elle n'eut pas la joie de saisir chez eux un mouvement de faiblesse, pas même d'hésitation. Pouvait-elle vraiment s'être arrêtée à cette pensée ? Ne savait-elle pas qu'ils avaient préféré, qu'ils préféraient toujours la prison au serment qui leur eût valu la liberté ? Elle se réjouissait à l'avance, nous le savons, nous, de les mener à l'échafaud. Mais la victoire était-elle du côté des bourreaux ou du côté des victimes ?

Remarquons dès maintenant que les quatorze prêtres ont été accusés et convaincus de n'avoir prêté ni le serment de 1791, ni celui de Liberté-Égalité et que, sommés de le faire le 21 janvier, tous ont de nouveau refusé l'un et l'autre. Le jugement nous le redira. Souvenons-nous également que les juges attachaient au serment qu'ils demandaient le sens d'une véritable apostasie.

Haineux, farouche, ivre de fureur, Volcler, « d'un ton ironique et d'une manière très indécente » (1), prend rapidement ses conclusions, demande la tête des quatorze prêtres et requiert que Turpin du Cormier, *coupable d'avoir fanatisé son clergé,* soit exécuté le dernier ; puis, se tournant vers le public, il lui adresse cette menace qui fit frissonner l'assistance : « Le premier qui va broncher ou pleurer va marcher après eux » (2).

Les juges délibérèrent un instant pour la forme et le Président prononça la sentence conforme aux conclusions de l'accusateur public.

En entendant leur condamnation à mort, les prêtres dirent « Deo gratias » et furent aussitôt conduits dans une autre salle pendant que les Commissaires procédaient au jugement des Vendéens et de François Chéhère.

(1) *Procès des Terroristes,* Arch. dép., *Déposition d'Émile Hay.*
(2) Cette menace est rapportée par plusieurs témoins au procès des Terroristes. Lequel de Volcler ou de Guilbert a proféré ces paroles ? Les témoignages varient ; on les attribue plus communément à Volcler.

A peine réunis, les quatorze serviteurs de Dieu se donnèrent le baiser de paix et se préparèrent à la mort après s'être confessés mutuellement. M. Changeon et M. Perrin disent que bientôt les cinq Vendéens (le sixième accusé avait été acquitté) vinrent rejoindre les prêtres, se confessèrent et reçurent l'absolution (1).

Enfin le bourreau et ses aides se présentèrent et firent la dernière toilette des condamnés.

L'heure s'avançait. On pressa les derniers préparatifs et les juges se hâtèrent de gagner la maison de la Bazoche. Et là, dominant la foule, se tenant auprès de la fenêtre pour mieux voir et être vus, assis autour d'une table sur laquelle ils s'étaient fait servir à boire, ils présideraient ainsi à l'hécatombe et jouiraient à l'aise du spectacle des convulsions de leurs victimes, des têtes qui « allaient éternuer patriotiquement devant le Père éternel », suivant l'expression favorite de l'ivrogne, cruel et cynique Président.

Avant de rejoindre ses amis, Guilbert monta sur l'échafaud s'assurer si la guillotine était prête à fonctionner ; il descendit en se frottant les mains et en disant : « Ça va bien » (2).

(1) Les Vendéens furent interrogés, jugés et condamnés à part, après les prêtres (on le verra plus loin dans le texte même de la sentence), bien qu'un seul et même acte enregistre le jugement des uns et des autres. Leur exécution fut séparée par *quelque intervalle.* (Cf. Boullier et Dom Piolin, *loc. cit.*).

(2) *Déposition,* par devant Midy, *au procès des Terroristes,* le 12 pluviôse an III, de *Marie Ménard* et de *Suzanne Loyand.* Marie Ménard ajoute même que, pendant l'exécution, Guilbert demandait au bourreau si « ça allait bien ».

LIBERTÉ.   ÉGALITÉ.

§ 6. — L'Exécution.

« Desmazières, chef du corps des gendarmes et bonnet rouge (1), avait fait mettre la troupe sous les armes et former un cordon de plusieurs rangs à une grande distance de l'échafaud, ce qui mettait à même de voir les patients très distinctement ». Autour de la guillotine se tenait un piquet de cavaliérs... « Les méchants triomphaient ». Ainsi parle Jeanne Rojoux, qui décrit ensuite ce que nos lecteurs savent déjà : les mesures militaires prises en ville, la tristesse et les larmes des habitants, les murmures même de certains patriotes auxquels on entendait dire : on eût mièux fait « de laisser les prêtres mourir en prison ; n'ayant communication avec personne ils n'eussent plus été à lieu de faire du mal ».

M. Perrin remarque justement à ce propos « qu'une poignée de scélérats faisaient trembler à Laval les honnêtes gens... Les républicains modérés n'osaient ouvrir la bouche en faveur de l'innocence par crainte de se voir bientôt confondus avec les victimes. Qu'on se garde donc de penser que les habitants fussent complices de ces forfaits ».

Dans le fond, lès Terroristes ne furent pas sans inquiétude jusqu'à la fin de l'éxécution. Plusieurs gardes nationaux avaient refusé d'assister à ce massacre et durent être punis comme ayant contrevenu à la discipline. Apercevant un garde qui tremblait et pouvait à peine tenir ses armes, le digne émule de Clément et Cⁱᵉ, Desmazières, le réprimanda et

(1) Membre du club des Bonnets Rouges, dans la rue des Bonnets-Rouges (rue Saint-Michel). La place des Bonnets-Rouges était à la *Croix-Bidault*.

dit que ceux qui compatiraient au sort des prêtres monteraient à leur suite. L'échafaud était peu distant du Tribunal, à trente pas environ. A *onze heures* (1), les prêtres parurent sur la place.

Jeanne Rojoux est le témoin qui donne le plus de détails sur la scène à laquelle elle voulut assister, et dont nous lui empruntons le récit pour

PLACE AU BLÉ, PUIS DE LA RÉVOLUTION, ACTUELLEMENT PLACE DU PALAIS
(côté ouest, fin du xviiᵉ siècle)
Au fond et à droite, entrée de la rue du Pilier-Vert et maison de la Bazoche
en face de laquelle était installée la guillotine

la plus grande part. « Pendant qu'on faisait tous les préparatifs. dit-elle, je m'étais rendue chez mes cousines Bataille pour voir l'exécution, de leurs fenêtres (2) donnant sur la place au Blé (ancien nom de la place du

(1) *Déposition de M. Macé à l'enquête de M. Boullier* (Arch. de l'Évêché).

(2) Cette maison, « appartenant à Madame Huard, marchande de faïence », dit encore Jeanne Rojoux, était située au midi de la place, sur la ligne qui va de la porte du Château à la rue des Orfèvres. Cette partie de la place a peu changé ; et la maison existe encore.

Palais). Je les trouvai toutes les trois dans la plus grande affliction. Je les engageai à venir à la croisée pour apprendre, à l'exemple de ces vénérables prêtres, à donner notre vie pour notre foi. L'aînée seulement me suivit ».

Jeanne Rojoux ne pouvait être en meilleure situation. Elle avait à peu de distance, sur sa droite, le Tribunal ; à gauche, la maison de la Bazoche ; et en face de la fenêtre où elle se tenait, l'échafaud se dressait à l'autre extrémité, au nord de la place : aucun détail ne lui échappait de la terrible scène qui se déroulait sous ses yeux.

M. Turpin du Cormier, curé de la Trinité, était à la tête de ses confrères, mais il fut repoussé rudement derrière les autres et s'entendit rappeler, qu'en sa qualité de chef, il serait guillotiné le dernier. Des hommes soutenaient sous les bras trois des prêtres qui ne pouvaient marcher, et M. Gallot venait ensuite, porté sur une chaise. On remarqua que M. André Duliou avait le visage rayonnant de bonheur ; il s'avançait d'un pas ferme et dégagé, lui qui d'ordinaire ne pouvait marcher sans soutien, par suite d'un mal grave dont il souffrait à la jambe.

Ceux qui allaient mourir voulurent chanter le *Salve Regina* (1) ; immédiatement, on leur imposa silence. Ils marchaient graves, recueillis et murmurant une dernière prière. M. Thomas, aumônier de l'Hôpital de Château-Gontier, récitait les litanies de la très sainte Vierge : ce détail, transmis plus tard aux Religieuses de la Miséricorde de Jésus, a été enregistré par M. Bréhéret dans la vie de *Sœur Sainte-Monique*.

Il est constant que M. Joseph Pellé, dans le trajet ou sur l'échafaud, adressa aux assistants ces paroles qui furent entendues d'un grand nombre : *Nous vous avons appris à vivre ; apprenez de nous à mourir*. Une autre version porte : *Peuple, qui avez encore confiance en nous, venez apprendre à mourir*. M. Pellé peut, il est vrai, avoir prononcé ces paroles à deux reprises diverses.

Les Commissaires, dont nous avons signalé la présence dans la maison de la Bazoche, saluaient, le verre à la main, chaque tête qui tombait ; ils

---

(1) Les fils de saint Dominique ont coutume de chanter le *Salve Regina* en assistant à l'agonie de leurs frères et Laval, on le sait, possédait un couvent de Dominicains (ou Jacobins). Il n'est pas téméraire de penser que les condamnés s'inspirèrent de cette tradition et choisirent ce chant en l'honneur de la très sainte Vierge, en allant à l'échafaud.

hurlaient : « A bas les calotins ! vive la République ! » Et les patriotes répétaient les mêmes cris.

L'EXÉCUTION DES QUATORZE PRÊTRES

Reproduction de la Pl. II des *Martyrs du Maine*, par l'abbé Théodore Perrin, *seconde édition*

Quand le premier prêtre eut été exécuté, M. Turpin du Cormier dit à haute voix à ses confrères : *Il est au ciel.* Aussitôt le citoyen chef des gendarmes cria : « Taisez-vous, cabaleurs ; ne vous parlez pas ; éloignez-vous les uns des autres ».

Les condamnés obéirent docilement et continuèrent de prier au pied de l'échafaud ; chacun d'eux se contenta désormais de lever les yeux au ciel lorsque la guillotine avait accompli un nouvel acte de sang.

Il y eut un moment d'émotion plus intense encore qui secoua la foule quand M. Jacques André, curé de Rouessé-Vassé, parut sur l'échafaud. Le secrétaire-greffier de la Commission, Franklin Guilbert, qui avait particulièrement connu la victime pendant que lui-même était vicaire à Viviers, paroisse voisine de Rouessé, se dressa, tenant en main un verre rempli de vin rouge, et de la fenêtre où il était avec les Commissaires, cria à M. André : « Je vais boire comme si c'était ton sang. — *Et moi, je vais prier Dieu pour vous* », répartit le prêtre. Un des gardes-nationaux, indigné du propos de Guilbert, fut sur le point de décharger son arme sur le cruel greffier.

Les trois prêtres paralytiques furent à grande peine montés par des aides et soutenus jusqu'à la guillotine ; de même M. Gallot fut porté sur une chaise et étendu sur la planche pendant qu'on le liait.

Enfin M. Turpin du Cormier apparut le dernier en disant : *Te Deum laudamus.*

« J'ai vu, dit Jeanne Rojoux, trois juges et le greffier, dont deux étaient prêtres-jureurs, se tenir, pendant l'exécution, à une fenêtre, le verre à la main, et chaque fois qu'une tête tombait, saluer le peuple, en criant : *Vive la République* (1).

« J'ai vu M. du Cormier, qui était en tête, repoussé pour être exécuté le dernier... Je l'ai vu baiser avec respect la planche sur laquelle ses confrères avaient été attachés, au moment où il allait être attaché lui-même. J'ai vu le bourreau prendre la tête de M. Turpin du Cormier et la présenter au public, tout autour de l'échafaud, en criant : *Vive la République* ».

Tout était consommé *avant midi*. Le jugement fut rédigé sur le champ, imprimé et affiché dans la soirée (2) ou le lendemain (3).

(1) Dans un autre endroit, Jeanne Rojoux dit : « A chaque tête qui tombait on criait *Vive la République*, et plusieurs fois l'on ajoutait : A bas la tête des calotins ».

(2) Dom Piolin, *op. cit.*, t. II, p. 545.

(3) Boullier, *op. cit.*, p. 210.

entré en la maison commune
de Patience le quatorze octobre
mil sept cent quatre vingt
douze. —

Entré en la maison Commune
de Patience le cinq janvier
mil sept cent quatre vingt
treize. —

René-Louis Ambroise, Prêtre
habitué à la Trinité de Saval, né
en la dite ville et Paroisse le premier
mars mil sept cent vingt. —

Jacques André, curé de
Rouëssé Vassé, District de Sillé
le Guillaume, né à St Pierre la Cour
District d'Evron, le treize octobre
mil sept cent quarante trois. —

X Mort le 29 nivose
par la louange
lit justise l'an 2 piesme
de la republique françese
en périsable

X Mort le 29 nivose par la
loue de La justise l'an 2
piesme de la republique fran
çese en périsable

Après l'exécution, Jeanne Rojoux descendit en hâte sur la place où elle « fut interpellée par un grand patriote qui la prit par le bras et lui dit d'un air moqueur : Eh bien ! citoyenne, ils ne te donneront plus l'absolution ».

Quel raffinement de cruauté ! Quels démons que ces Terroristes ! Le sang de leurs victimes les enivre et ils se réjouissent d'autant plus de leur crime qu'ils croient avoir anéanti la religion en guillotinant ses ministres. Leur jour de gloire est arrivé.

Autres sont les pensées de Jeanne Rojoux en entendant le « grand patriote ». Elle vient d'assister au glorieux triomphe de la foi. Le sang qui coule sera une semence de vie. Heureux martyrs qui ont vu s'ouvrir devant eux les portes du Ciel ! Jeanne Rojoux envie ardemment leur sort.

Suivons-la. Elle traverse rapidement la place. « J'allai trouver Mademoiselle Guitton, dit-elle, et nous envoyâmes un petit garçon tremper des linges dans le sang. Nous les fîmes sécher et j'en ai donné à bien du monde qui, comme moi, avait besoin de vénérer les restes des saints martyrs ».

Les corps des prêtres, chargés sur un (1) ou deux tombereaux (2) amenés d'avance autour de la guillotine (3), furent conduits à la Lande de la Croix-Bataille, qui servait alors de cimetière pour la ville de Laval (4) et déposés dans une fosse particulière (5).

Les Vendéens furent guillotinés le même jour (6).

(1) Boullier, *op. cit.*, p. 214.

(2) Dom Piolin, *op. cit.*, p. 550. — Perrin, *op. cit.*, p. 48.

(3) Dom Piolin, *op. cit.*, p. 547.

(4) A partir des premiers jours de janvier 1794.

(5) On permettait d'ensevelir les corps ; on pouvait aussi obtenir des fosses particulières, mais non des cercueils (Arch. de l'Évêché de Laval. *Enquête Boullier*. — Dom Piolin, *op. cit.*). On ne signale qu'un seul cas de concession de cercueil. La plupart des cadavres, suppliciés et autres, étaient jetés pêle-mêle dans de longues tranchées ou fosses communes (Boullier, *loc. cit.* — Angot, *Dictionnaire...* v° Croix-Bataille.

(6) Nos historiens, préoccupés surtout de recueillir ce qui concerne les prêtres, n'ont parlé qu'incidemment et très sommairement des autres condamnés. Ils nous disent qu'après leur condamnation les prêtres restèrent seuls dans la salle du greffe *quelque temps*, d'après M. Boullier ; *assez longtemps*, selon Dom Piolin, qui ajoute : « Il paraît que l'audience pour les Vendéens eut lieu pendant que les prêtres attendaient l'exécution (*op. cit.*, t. II, p. 545) ; nous l'avons dit plus haut. Pour l'exécution, les détails sont moins précis encore ; aucun

« A Laval, l'iniquité revêtit les formes de la justice, mais d'une justice
aussi perverse que jamais ne fut le crime, écrit un historien, membre de
l'Académie... Les quatorze prêtres captifs à Patience parurent d'abord à
l'abri, soit que leurs proscripteurs eussent trop à faire pour songer à eux,
soit qu'eux-mêmes désarmassent les haines à force d'être innocents. De
vrai, tous étaient des hommes inoffensifs, étrangers à toute intrigue,
n'ayant gardé de force que juste assez pour prier... Mais une Commission
révolutionnaire fonctionnait, faite seulement pour légaliser le meurtre.
Un homme y dominait, l'accusateur public Volcler, ancien prêtre et
insatiable ouvrier de crime... En douze jours on avait abattu plus de
quatre-vingts Vendéens. Il parut opportun de varier les rigueurs, comme
un débauché varie les voluptés. C'est alors que l'attention se porta sur
ceux qu'on appelait « les vieux calotins » de l'abbaye de Patience (1). A
la charge de ces vieillards aucun délit, bien plus, aucune apparence de
délit... D'acte d'accusation, de signification d'acte, de défense... aucune
trace et, selon toute apparence, rien ne fut trouvé qui eût simulé la justice... Nulle matière à poursuite et nuls malfaiteurs, hormis les juges (2) ».

témoin ne parle du moment où les Vendéens furent exécutés. Les prêtres et les cinq autres
condamnés furent exécutés le même jour, la chose est certaine. Mais il n'en faut pas conclure
qu'il n'y ait pas eu d'intervalle entre les deux. De fait si la même sentence les condamne
tous à mort, elle est cependant portée en partie double et distincte avec des motifs divers.
Quel fut cet intervalle? De *quelque temps* (Boullier, *op. cit.*, p. 210) ou de *peu d'instants*
(Dom Piolin, *op. cit.*, p. 559)? Jeanne Rojoux eut au moins le temps de faire tremper des
linges dans le sang des martyrs, avant qu'il ne fût mêlé à celui des Vendéens. D'après
Dom Piolin, les corps des prêtres furent « chargés » *immédiatement* et conduits à la Lande
de la Croix-Bataille : n'était-il pas nécessaire et urgent d'enlever les quatorze corps pour
pour éviter l'amoncellement des cadavres autour de la guillotine dans cet espace si restreint
et faire place aux autres ? Ainsi les corps auraient été portés à part dans le cimetière des
Landes. Si le texte ne le dit pas formellement, il le donne à entendre.

(1) Nous avons vu que la mort des prêtres avait été résolue quelque temps avant le
21 janvier.

(2) P. de la Gorce, *Histoire religieuse de la Récolution*, t. III, p. 391 et seq.

SIGNATURE DE VOLTAIRE DURAND, BOURREAU DE LAVAL

§ 7. — Le texte du Jugement.

Nous n'avons pas voulu rompre le récit par l'insertion d'une pièce, la plus importante de toutes : le Jugement prononcé par la Commission. Nous le reproduisons d'après le texte conservé aux Archives départementales (1).

Jugement du deux pluviôse, l'an second de la République française une et indivisible.

Au nom de la République, la Commission révolutionnaire, établie dans le département de la Mayenne par les représentants du peuple, a rendu le jugement suivant :

Vu l'interrogatoire de *René-Louis Ambroise*, prêtre, né et domicilié commune de Laval ; de *Joseph Pellé*, aussi prêtre, né et domicilié de la même commune ; d'*Augustin-Emmanuel Philippot*, prêtre, né à Paris et

(1) F° 20 v°. — On voit au presbytère de la Cathédrale un exemplaire de ce jugement qui avait été affiché immédiatement sur la grande porte de l'église de la Trinité et fut enlevé la nuit par une domestique des demoiselles Duchemin-Gimbretière, dont la maison était voisine. L'affiche fut donnée à un prêtre caché dans cette maison, M. Huen-Dubourg, qui la remit plus tard à M. Boullier.

ci-devant curé de la commune de la Bazouge-des-Alleux; de *Jean-Baptiste Triquerie*, ci-devant cordelier, de la commune de Laval; de *Jean Turpin du Cormier*, né et ci-devant curé de la même commune; de *François Migoret*, né à Lassay, ci-devant curé de la paroisse de Rennes, district dudit Lassay; de *Julien-François Morin*, prêtre, né à Saint-Fraimbault-de-Prières, ci-devant demeurant à Saint-Vénérand de Laval; de *François Duchesne*, né dans la commune de Laval, ci-devant chapelain à Saint-Michel, même commune; de *André Duliou*, né à Saint-Laurent-des-Mortiers, ci-devant curé de Saint-Fort, district de Château-Gontier; de *Jacques André*, né à Saint-Pierre-la-Cour, district de Sillé, ci-devant curé de Rouessé-Vassé; de *Louis Gastineau*, prêtre, né à Loiron, district de Laval, demeurant ci-devant au Port-Brillet; de *Jean-Marie Gallot*, prêtre, chapelain, né et domicilié de la commune de Laval; de *Julien Moulé*, prêtre, né au Mans, ci-devant curé de la commune de Saulges; et de *Pierre Thomas*, né au Mesnil-Rainfray, ci-devant aumônier de l'Hôpital de Château-Gontier;

Par lequel il est prouvé que, requis par la loi de prêter le serment exigé des fonctionnaires publics prêtres, par l'Assemblée constituante, et celui de liberté et d'égalité exigé de tous les républicains français, par la Convention nationale, et que, requis encore une fois de le prêter devant le tribunal, ils s'y sont constamment refusés. Sur ce, considérant que ces individus, par le refus opiniâtre de se conformer aux lois de la République, de les reconnoître et de les observer, sont coupables de conspiration secrète contre la souveraineté du Peuple français, conspiration d'autant plus dangereuse que, présentée sous les couleurs séduisantes de l'hypocrisie et du fanatisme, elle pourroit induire en erreur un peuple crédule, toujours facile à séduire dans ses opinions religieuses; enfin que les principes que ces hommes professoient ouvertement étoient les mêmes qui avoient allumé dans l'intérieur de la République la guerre désastreuse de la Vendée;

La Commission révolutionnaire provisoire, entendu le citoyen Volcler, accusateur public, en ses conclusions, condamne à mort lesdits *Ambroise, Pellé, Philippot, Triquerie, Turpin du Cormier, Migoret, Morin, Duchesne, Duliou, André, Gastineau, Gallot, Moulé* et *Thomas,* et ordonne que le présent jugement sera exécuté sur le champ, et qu'en conformité de la loi, leurs biens, meubles et immeubles, sont et demeurent acquis et confisqués au profit de la République.

La même Commission révolutionnaire, vu l'interrogatoire de *René Sorin,* né à Saint-Paul-Montpinson, district de Challans, département de la Vendée ; celui de *François Drapeau,* laboureur, de la commune de Beau-Repaire, district de Chollet ; de *Charles Auvinet,* laboureur, de la commune de Saint-Pierre de Chollet ; de *Joseph Verdeau,* menuisier, de la commune de Sainte-Cécile, district de la Roche-sur-Yon ; de *René Cadi,* domestique, de la commune de Rochefort-sur-Loire, district d'Angers ; enfin de *François Chéhère,* de la commune de Menil, district de Château-Gontier ;

Par lequel il est prouvé que les cinq premiers ont fait partie des brigands de la Vendée et ont participé aux meurtres et pillages commis par eux dans les lieux qu'ils ont désolés, et que les soupçons qu'on avoit formés sur le compte de ce dernier étoient mal fondés ;

Entendu l'accusateur public en ses conclusions et en exécution de la loi du dix-neuf mars mil sept cent quatre-vingt treize ;

Condamne à mort lesdits *Sorin, Drapeau, Auvinet, Verdeau* et *Cadi ;*

Déclare en outre, en conformité de la même loi, leurs biens, meubles et immeubles, acquis et confisqués au profit de la République, et acquitte et met en liberté ledit *Chéhère,* sous la surveillance exacte de la municipalité et du comité révolutionnaire de sa commune.

Et seront les présens jugemens imprimés, publiés et affichés partout où besoin sera.

… hôpital de Château-Gontier ; tous également au département de la Mayenne.

Séance publique tenue en la Commune de Laval, le 2 Pluviôse, an deuxième de la République Française, une & indivisible, & le premier de la mort du TYRAN.

AU NOM DE LA RÉPUBLIQUE FRANÇAISE, la Commission Révolutionnaire provisoire, établie dans le département de la Mayenne, a rendu le jugement suivant :

Vu l'interrogatoire de *René-Louis Ambroise*, de *Joseph Pelé*, d'*Augustin-Emmanuel Philippot*, de *Jean-Baptiste Triquerie*, de *Jean Turpin-Ducormier*, de *François Migoret*, de *Julien-François Morin*, de *François Duchesne*, d'*André Duliou*, de *Jacques André*, de *Louis Gatineau*, de *Jean-Marie Gallot*, de *Julien Moule*, & de *Pierre Thomas*,

Par lequel il est prouvé que, requis par la loi de prêter le serment exigé des fonctionnaires publics, prêtres, par l'Assemblée constituante, & celui de liberté & égalité exigé de tous les Républicains Français par la Convention nationale, & que, requis encore une fois devant le tribunal, ils s'y sont constamment refusé ; sur ce considérant que ces individus, par le refus opiniâtre de se conformer aux lois de la République, de les reconnoître & de les observer, sont coupables de conspiration secrète contre la souveraineté du Peuple Français, conspiration d'autant plus dangereuse que, présentée sous les couleurs séduisantes de l'hypocrisie & du fanatisme, elle pourroit induire en erreur un peuple crédule, toujours facile à séduire dans ses opinions religieuses ; enfin, que les principes que ces hommes professoient constamment, étoient les mêmes qui avoient allumé, dans l'intérieur de la République, la guerre désastreuse de la Vendée ;

La Commission révolutionnaire, entendu le citoyen VOLCLER, accusateur public, en ses conclusions, condamne à mort lesdits *René-Louis Ambroise*, *Joseph Pelé*, *Augustin-Emmanuel Philippot*, *Jean-Baptiste Triquerie*, *Jean Turpin-Ducormier*, *François Migoret*, *Julien-François Morin*, *François Duchesne*, *André Duliou*, *Jacques André*, *Louis Gatineau*, *Jean-Marie Gallot*, *Julien Moule*, & *Pierre Thomas* ;

Et ordonne que le présent Jugement sera exécuté sur-le-champ, & qu'en conformité de la loi, leurs biens, meubles & immeubles, seront & demeureront acquis & confisqués au profit de la République.

La même Commission révolutionnaire, vu l'interrogatoire de *René Sorin*, de Saint-Paul-Monpenin, district de-Challans, département de la Vendée, de *François Drapeau*, laboureur, de la commune de Beaurepaire, district de Cholet, de *Charles Auvinet*, laboureur, de la commune de Saint-Pierre de Cholet, de *Joseph Verdeau*, menuisier, de la commune de Sainte-Cécile, district de la Roche-sur-Yon, de *René Cady*, domestique, de la commune de Rochefort-sur-Loire, district d'Angers, enfin de *François Chehere*, de la commune de Menil, district de Château-Gontier ;

Par lequel il est prouvé que les cinq premiers ont fait partie des brigands de la Vendée, & ont participé aux meurtres & pillages commis par eux dans les lieux qu'ils ont désolés, & que les soupçons qu'on avoit formés sur le compte du dernier, étoient mal fondés ;

Entendu l'Accusateur public en ses conclusions, & en exécution de la loi du 19 mars 1793, &c. condamne à mort lesdits *Sorin*, *Drapeau*, *Auvinet*, *Verdeau* & *Cady* ; déclare en outre, en conformité de la même loi, leurs biens, meubles & immeubles, acquis & confisqués au profit de la République ; & acquitte & remet en liberté ledit *Chehere*, sous la surveillance exacte de la municipalité & du comité révolutionnaire de sa commune.

Et seront les présens jugemens, imprimés, publiés & affichés par-tout où besoin sera.

Fait & prononcé à l'audience publique de la Commission Révolutionnaire provisoire, où étoient présens les citoyens CLEMENT, président ; FAUR, MARIE & PANNARD, juges, VOLCLER, accusateur public, qui ont signé avec le secrétaire-greffier. A Laval, le 2 Pluviôse, an second de la République une & indivisible, & le premier de la mort du TYRAN.

Sont signés au Registre, CLÉMENT, président ; FAUR, MARIE, PANNARD, juges, VOLCLER, accusateur public, & GUILBERT, secrétaire-greffier.

FRANKLIN GUILBERT, secrétaire.

A LAVAL, de l'Imprimerie de FAUR & Compagnie, rue J.J. Rousseau. An IIe. de la République une & indivisible.

FAC-SIMILÉ DE L'AFFICHE DU JUGEMENT DES QUATORZE PRÊTRES conservée au presbytère de la Cathédrale, à Laval. Réduction aux 2/3.

LA LIBERTÉ OU LA MORT.

RÉPUBLIQUE FRANCAISE,
UNE ET INDIVISIBLE.

JUGEMENT
DE LA
COMMISSION REVOLUTIONNAIRE
PROVISOIRE,
ÉTABLIE PAR LES REPRESENTANS DU PEUPLE
DANS LE DÉPARTEMENT DE LA MAYENNE,

QUI condamne à mort René-Louis Ambroife, *prêtre*, *domicilié de Laval*; Jofeph Pelé, *prêtre*, *domicilié de la même commune*; Auguftin - Emmanuel Philippot, *prêtre*, *de Paris*, *ci-devant curé de la Bazouge-des-Alleux*; Jean-Baptifte Triquerie, *ci-devant cordelier de Laval*; Jean Turpin-Ducormier, *ci-devant curé de la même commune*; François Migoret, *de Laffay*, *ci-devant curé de la paroiffe de Renne, diftrict de Laffay*; Julien-François Morin, *de S.-Fraimbault-de-Priere, ci-devant demeurant à S.-Vénérand de Laval*; François Duchefne, *prêtre*, *de Laval*, *ci-devant chapelain de S. Michel*, *même commune*; André Duliou, *de Saint-Laurent-des-Mortiers*, *ci-devant curé de S.-Fort*, *diftrict de Château-Gontier*; Jacques André, *de S.-Pierre-la-Cour*, *diftrict de Sillé*, *ci-devant curé de Roueffe-Vafé*; Louis Gatineau, *prêtre*, *de Loiron*, *diftrict de Laval*, *demeurant ci-devant au port Briet*; Jean-Marie Gallot, *prêtre-chapelain*, *de Laval*; Julien Moulé,

Fait et prononcé à l'audience publique de la commission révolutionnaire provisoire où étoient présens les citoyens Clément, président; Faur, Pannard et Marie, juges, qui ont signé avec le secrétaire greffier.

A Laval, le deux pluviôse l'an second de la République française, une et indivisible, et le premier de la mort du tyran.

(Le registre est signé dans cet ordre) : VOLCLER, accusateur; FRANKLIN-GUILBERT, secret. greffier; CLÉMENT; PANNARD, juge; FAUR, juge; MARIE, juge (1).

(1) V. Appendice, *Volcler, Guilbert, Chedeville.*

SIGNATURES DES MEMBRES DE LA COMMISSION RÉVOLUTIONNAIRE

CÔTÉ OUEST DE L'ANCIENNE RUE DU PILIER-VERT, ACTUELLEMENT SUBSISTANT
ET FORMANT BORDURE DE LA PLACE DES ARTS, A LAVAL

CHAPITRE V

Après l'Exécution

§ 1. — « Vox Populi » et « Vox Dei ».

Le 21 janvier, l'impression fut profonde et la consternation générale dans la ville. Chacun voulait connaître les plus petits détails de cette matinée sanglante et ne pouvait contenir son indignation en les écoutant. Mais aussi chacun admirait l'héroïsme des victimes, rappelait leurs mérites et leurs vertus. Et la voix du peuple proclamait que les quatorze prêtres avaient reçu là-haut la meilleure récompense... Le même mot était sur toutes les lèvres : « Ce sont des saints et des martyrs ».

Des faits extraordinaires, dont les fidèles s'entretenaient avec une vive émotion, étaient regardés comme un témoignage céleste en faveur de ceux qui venaient de donner « la plus grande preuve de fidélité et d'amour que l'homme puisse donner à son Dieu ».

« Le jour du supplice le temps était très sombre ; il répondait à la tristesse de cette scène douloureuse et semblait participer à la tristesse de nos cœurs, dit Jeanne Rojoux. Au moment où j'aperçus M. Turpin du Cormier sortir de l'audience à la tête de ses confrères, dès ses premiers pas en se rendant à la guillotine, le ciel s'est ouvert et il a paru au firmament une grande clarté mêlée de quelques rayons rouges. Cette clarté s'étendait depuis la porte de l'audience jusqu'à l'échafaud, sans le dépasser. Frappée de cette merveille, je dis à ma cousine, Françoise Bataille : « Regarde le ciel ; il me semble s'ouvrir pour donner passage à leurs âmes. — C'est bien frappant, me répondit-elle » (1).

« Un jeune enfant, porté sur les bras de son père pendant l'exécution des saints prêtres, ne cessa de contempler le ciel avec admiration, disant qu'il voyait briller des couronnes qui descendaient l'une après l'autre au-dessus de l'échafaud. Il paraissait les montrer avec le doigt et, à chaque tête qui tombait, il s'écriait avec ravissement : Encore une couronne ! »

« M. Lebreton-Lacoudre, homme bien digne de foi, a rapporté à plusieurs personnes encore vivantes que, revenant de Bazougers pendant qu'on exécutait les quatorze martyrs, il vit, avec un de ses amis, des croix lumineuses qui paraissaient tomber sur la ville. Ce phénomène, qui les avait grandement effrayés, cessa de les surprendre lorsqu'ils apprirent ce qui venait de se passer à Laval (2) ».

Désormais les Serviteurs de Dieu ne seront plus connus dans le pays que sous le nom de *martyrs*.

§ 2. — « Le souvenir du juste sera éternel ». (Ps. CXI, v. 7).

Au fond des Landes de la Croix-Bataille, loin de la ville et de toute habitation, dans un coin inculte et désolé que la Révolution avait affecté à un cimetière sans signe religieux, sans clôture aucune, où les corps humains étaient jetés sans honneur ni prières, comme des dépouilles de bêtes crevées qu'on doit se hâter d'enfouir, il se passa des scènes et des désordres sans nom : les cadavres « n'y étaient pas à l'abri des injures des hommes et des animaux » (3). Les corps des quatorze prêtres sont restés là pendant plus de vingt-deux ans... Étaient-ils donc oubliés ?

(1) Enquête Boullier. *Déposition de Sœur Marie-Madeleine* (Jeanne Rojoux) *devant la Commission rogatoire à Rennes* (Arch. de l'Évêché de Laval).

(2) Perrin, *op. cit.*, t. I, p. 46-47, rapporte ces deux derniers faits.

(3) Arch. de la Mayenne. Liasse, série T. *Lettre de Mademoiselle Artémise Duchemin au citoyen Harmand, préfet de la Mayenne,* 19 mai 1802.

Non, certes. Le souvenir de la journée du 21 janvier et de ses glorieuses victimes vivait toujours : les temps seuls et les circonstances ne per-

LES LANDES DE LA CROIX-BATAILLE
aujourd'hui défrichées, s'étendaient au sud de Laval, entre la Mayenne et la Jouanne
à l'endroit où la *Chapelle Expiatoire* est indiquée sur cette carte

mettaient pas de rendre publiquement aux confesseurs de la foi les honneurs dont ils étaient dignes. Le Bas-Maine resta longtemps dans le trouble et partout on n'y voyait que des ruines à relever ; après la tourmente révolutionnaire le Concordat ne produisit pas tout d'un coup un apaisement complet ; les cadres du clergé se reconstituaient lentement ; sous le premier empire les guerres furent incessantes ; et une autre raison ne dut pas être étrangère au délai de la translation des martyrs. Quelques-uns des hommes qui avaient joué un rôle sinistre dans les temps de la Révolution vivaient encore ; l'Église, qui a l'exquise délicatesse de la meilleure des mères et s'inspire de la charité divine, ne voulait pas

LE BRAS DE M. MORIN

Cet avant-bras avec sa main, dans cet état merveilleux de conservation après plus de cent trente ans, est celui du corps présumé de M. Morin trouvé en entier le 6 août 1816, à l'exhumation des quatorze prêtres ; il fut détaché et religieusement gardé par M. Gesbert, curé de Notre-Dame d'Avénières, légué ensuite à la famille de ce dernier, et vint ainsi en la possession de M. le Curé de Grazay : on le voit aujourd'hui à l'Évêché, tel que le représente la photogravure ci-dessus.

Nous parlons plus loin d'une guérison attribuée à l'attouchement de cette main, dont les doigts furent constatés « flexibles » le 7 août 1816.

raviver le déshonneur de ses enfants même coupables et de leurs familles ; les auteurs et les complices de tant de crimes disparaîtraient peu à peu sous la honte et le mépris ; l'apaisement se ferait dans les esprits, et l'heure opportune viendrait de la nécessaire réparation.

Toutefois les fidèles n'attendirent pas ce moment. Rien n'avait pu les empêcher de manifester dès le premier instant leurs sentiments de vénération envers les quatorze prêtres martyrs.

« Dès le jour même de leur mort, écrit M. Boullier, on envoya des enfants tremper des mouchoirs dans le sang des prêtres, et ces linges furent distribués comme de précieuses reliques. Bien des personnes avaient l'usage d'invoquer en particulier les quatorze martyrs, et plu-

L'ÉGLISE D'AVÉNIÈRES VERS 1860
d'après un dessin du Baron de Wismes

sieurs ont été persuadées qu'elles avaient éprouvé d'heureux effets de leur intercession. On faisait des pèlerinages à leur tombeau pendant la Révolution même ; et celui qui écrit ceci se rappelle y avoir été conduit, à l'âge de sept ou huit ans, à l'époque du gouvernement directorial, par suite d'un vœu qu'avaient fait ses parents pour obtenir la guérison d'une maladie dont il était atteint » (1).

Jeanne Rojoux ne parle pas autrement : « J'ai connaissance, dit-elle, que beaucoup de personnes se sont recommandées à leurs prières et qu'on allait prier sur leur tombeau ; je m'y suis recommandée moi-même et me suis également rendue sur leur tombeau pour y prier » (2).

Les Archives de la Mayenne contiennent un curieux rapport fait, le 17 juin 1803, par un lieutenant de gendarmerie qui dénonce le délit de pèlerinages à la Lande de la Croix-Bataille. Lui-même, « assisté de six gendarmes et du maréchal des logis, a constaté le fait et dissous un groupe de cinquante hommes et femmes se rendant au lieu où ont été inhumés treize ou quatorze prêtres... On y va en procession ; on y jette des fleurs ; on y allume des cierges... Le lieu individuel où sont enterrés les treize ou quatorze prêtres ci-dessus, est couvert de fleurs champêtres ci-dessus désignées... Il s'y est trouvé parfois jusqu'à cinq ou six cents personnes et même plus, venant de différentes communes éloignées de deux à trois lieues » (3).

A peine rentré d'exil, M. Changeon a grand soin de recueillir tout ce qui a trait au jugement des victimes du 21 janvier, et vers 1815 il parle en public de transférer bientôt les corps des martyrs dans un des temples de Laval, « en attendant qu'il plaise à l'Église de les placer sur les autels » (4).

Quelque temps auparavant (10 juillet 1814), M. Gesbert, curé d'Avénières, avait demandé à M. le Préfet de la Mayenne l'autorisation de faire exhumer les corps des quatorze prêtres pour les transporter dans le cimetière de sa paroisse (5).

Nous ignorons pour quelle cause ce projet fut remis à l'année 1816. Alors, les 6 et 9 août de cette année, jours de l'exhumation puis de la

(1) Boullier, *op. cit.*, p. 216.
(2) Jeanne Rojoux, *loc. cit.*
(3) Arch. de la Mayenne, M. *Police générale et administrative*, an XI.
(4) Arch. de l'Évêché de Laval. Dossier C., pièce 6ᵉ. *Discours manuscrit.*
(5) Arch. dép., M, *Registre du Conseil de santé.* — Sur tout ce qui va suivre dans ce chapitre, le lecteur trouvera des détails dans la *Semaine Religieuse* de Laval du 27 août au 8 novembre 1921.

translation des précieux restes dans l'église de Notre-Dame d'Avénières,
« il se passa quelque chose de semblable à ce que les annales de l'Église

LA CHAPELLE SAINT-ROCH
construite en 1614 dans le cimetière d'Avénières par Étienne Cahary et Charles Bouvet,
démolie en 1905

nous rapportent de plus touchant au sujet de la translation des reliques
de certains serviteurs de Dieu, dit Dom Piolin. La population, non seulement de Laval mais des paroisses environnantes, se porta sur les lieux,

donnant des témoignages de la plus profonde vénération. Chacun voulut avoir des fragments des ossements des saints martyrs et il en existe encore dans une quantité de familles du pays ; on recueillit jusqu'à la terre de leur tombeau » (1).

Les restes des martyrs avaient été déposés dans la chapelle Saint-Roch au cimetière paroissial d'Avénières. On y voyait quatre corps en entier, dont l'un était présumé celui de M. Morin de la Girardière ; et c'est à l'attouchement de ce corps, de sa main droite « dont les doigts étaient flexibles ». que René Macé, instituteur public à Laval, attribua la guérison d'un ulcère dont il souffrait depuis dix ans (2).

La translation des corps dans l'église où ils reposent causa de nombreux incidents parmi le clergé ; il y eut une sainte émulation entre les curés de Laval et celui de Notre-Dame d'Avénières pour posséder cet insigne dépôt (3).

Avénières fut victorieux et la Basilique de Notre-Dame garde son trésor. Le tombeau des prêtres est dans le transept méridional, au pied du monument sur lequel une inscription mentionne le nom des confesseurs de la foi et la cause de leur mort (4).

(1) Dom Piolin, *op. cit.*, t. II, ch. VI.

(2) Arch. de l'Évêché. *Enquête Boullier. Déposition de M. René Macé* (V. *Semaine Religieuse* de Laval, 1921, n° 2). La même enquête renferme le rapport qu'adressa, le 19 juillet 1889 à l'Évêché du Mans, M. Gesbert, ancien curé d'Avénières, sur l'inhumation des restes des quatorze prêtres. Il raconte comment cinq cercueils furent préparés par ses soins : le premier, renfermant des ossements encore revêtus de chair, fut enfoui dans une fosse creusée trois pieds au-dessous du caveau dans l'église paroissiale (transept du midi). Les autres contenaient, l'un les ossements desséchés, l'autre seize têtes ou débris de têtes (deux corps étrangers avaient été enterrés avec les prêtres) ; le quatrième, trois corps entiers soigneusement séparés par une couche de tan, de sel et de sable ; le cinquième, le corps présumé de M. Morin. Ces quatre cercueils, déposés dans le caveau, furent placés sur deux rangs, chacun de deux cercueils mis l'un sur l'autre.

La parfaite exactitude des renseignements fournis par M. Gesbert a été constatée le 6 mars 1920 lorsque la Commission d'enquête canonique a visité le caveau dans la Basilique. Les quatre cercueils sont là, disposés comme il a été dit. Mais plus d'un siècle a passé et le temps a fait son œuvre : le bois, vermoulu, s'effrite au simple toucher et, dans le cercueil inférieur dont le couvercle s'est effondré, a pénétré le cercueil placé au-dessus. Il a paru inutile, et il était impossible, de faire fouiller la terre pour rechercher le cinquième cercueil enfoui à trois pieds au-dessous du caveau.

(3) V. *Semaine Religieuse* de Laval, 1921, n°* 46 et seq.

(4) Nous ferons seulement observer que les quatorze prêtres ne furent interrogés au Tribunal que sur le serment et non sur autre chose.

Une chapelle expiatoire fut élevée dans les landes de la Croix-Bataille
à la mémoire du Prince de Talmont « et des autres victimes » de la

Frontispice des *Martyrs du Maine*, par l'abbé Théodore Perrin

Révolution inhumées dans ce lieu. On la voyait sur le bord de la route
de Laval à Entrammes, à droite, près de la fosse des quatorze prêtres,
que marquait une croix de gazon. Les travaux de construction se termi-

naient lorsqu'éclata la Révolution de 1830. La petite chapelle resta
inachevée. Elle fut détruite en 1869.

*
* *

La voix du peuple, qui avait proclamé saints et martyrs les quatorze
prêtres dès le jour de leur mort, ne cessait de se faire entendre.

D'autre part, l'autorité ecclésiastique s'était abstenue, pendant près
d'un demi-siècle, de toute intervention officielle. Loin de rester indiffé-
rente, elle apportait au contraire une attention extrême aux manifesta-
tions de la piété populaire ; la prudence seule lui imposait cette sage
réserve.

Mais le temps d'agir était venu. Déjà des témoins, dont il eût été très
important d'enregistrer les souvenirs, n'étaient plus de ce monde. Morte
Suzanne Loyand (1836) ! Morts MM. Changeon (1828) et Langlois (1838) !
D'autres ne pouvaient tarder à les suivre. N'était-il pas nécessaire et
urgent de recueillir leurs dépositions ?

Ému du danger de les voir disparaître, un curé de la Trinité, ancien
magistrat, M. Boullier, confie, le 6 avril 1839, ses inquiétudes à Mgr Bouvier, évêque du Mans, qui s'empresse (15 avril) de rendre une ordonnance
établissant M. Boullier « commissaire à l'effet de faire une information
régulière sur les causes de la condamnation de quatorze prêtres mis à
mort à Laval le 21 janvier 1794, de constater par le témoignage des
contemporains toutes les circonstances de leur jugement et de leur mort,
enfin de recueillir tous les renseignements possibles relatifs à ces Serviteurs de Dieu ».

Le choix ne pouvait être plus heureux. Les hommes et les faits de
la Révolution étaient particulièrement bien connus de l'honorable famille
de M. Boullier.

L'enquête fut faite avec un soin scrupuleux, et l'Évêché du Mans en
reçut bientôt les documents qui sont un vrai trésor pour la cause.

Peut-être était-il difficile de mener les choses plus loin à ce moment.
L'étude de la période révolutionnaire rencontrait mille entraves ; les

archives étaient cadenassées ; la divulgation de certains noms (1) et de certains documents pouvait porter atteinte à l'honneur de plusieurs familles ; l'autorité civile pouvait aussi susciter des difficultés et des empêchements de plus d'une sorte.

Les années suivantes apportèrent d'autres obstacles. L'érection de

CHAPELLE EXPIATOIRE DES LANDES DE LA CROIX-BATAILLE
Dessin et lithographie de R.-M. Beauvais

l'Évêché de Laval, qui survint (1855) à la mort de Mgr Bouvier ; la guerre franco-allemande ; la succession trop rapide des premiers Pasteurs sur le nouveau siège épiscopal à la fin du siècle dernier et maintes autres circonstances ne permirent pas de réaliser le vœu du clergé et

(1) C'est le motif pour lequel des noms et des détails que donne le manuscrit de M. Changeon ne sont pas publiés dans les ouvrages qui parurent dans la première moitié du xixe siècle. M. Perrin ne veut pas même citer les noms des membres de la Commission révolutionnaire, excepté ceux des deux renégats.

des fidèles : trois fois au moins pourtant des travaux d'approche avaient été entrepris et interrompus depuis cinquante ans (1).

Il était réservé à Mgr Grellier de les mener à bonne fin. Le temps a changé ; plus d'un siècle s'est écoulé ; les archives ouvertes livrent leurs secrets ; les familles n'ont désormais rien à craindre de la publication des pièces historiques de l'époque, et l'autorité civile s'intéresse médiocrement à ces questions. Des causes semblables ont été informées, sont en Cour de Rome ou déjà ont été résolues et d'autres se préparent : il semble que la France catholique soit impatiente de produire en pleine lumière, de vénérer publiquement ceux qui si généreusement ont versé leur sang pour l'Église et de les invoquer comme les défenseurs et les protecteurs de la Foi.

Sa Grandeur Monseigneur l'Évêque de Laval prit la cause en main et institua en 1917 un Tribunal ecclésiastique chargé d'instruire le procès canonique (2). Sous l'active présidence de M. Chauvin, vicaire général (aujourd'hui Mgr Chauvin, évêque d'Évreux), a eu lieu le procès d'information qu'a suivi le procès de « non culte » en 1920 : le dossier entier est depuis ce temps en Cour de Rome et tout autorise les meilleurs espoirs.

*
* *

Le peuple chrétien du diocèse de Laval attend et prie avec confiance. Les sentiments que les fidèles avaient manifestés dès la première heure en 1794 ne se sont pas affaiblis. On aime toujours à prier sur la tombe des quatorze prêtres ; chaque année, au jour anniversaire de leur mort, une messe est célébrée qui attire les fidèles ; et le 9 août 1916, qui ramenait le centenaire de la translation de leurs restes, a été une magnifique manifestation de foi dans la Basilique de Notre-Dame d'Avénières.

Cent ans auparavant, le 3 mars 1816, sur la place de l'exécution et à l'endroit même de l'échafaud en 1794, une croix avait été solennellement érigée, « comme un monument d'expiation du passé et un gage de la

---

(1) V. *Semaine Religieuse* de Laval, 1922, n° 9.

(2) Le tribunal ecclésiastique fut officiellement constitué et la première séance du procès informatif eut lieu le mardi 7 juillet 1917.

persévérante fidélité des habitants à la religion de leurs pères », disait
une inscription gravée sur le socle. Sur l'un des côtés du même monument on lisait ces mots :

« Au milieu de cette place, le 21 janvier, quatorze prêtres, dont les
noms sont écrits au Livre de vie, ayant à choisir entre le serment et la
mort, scellèrent de leur sang la pureté de leur foi et, conformément aux
dernières paroles de l'un d'eux, après avoir appris au peuple à bien vivre
lui apprirent aussi à bien mourir ».

La croix et les inscriptions ont disparu en des jours troublés.

On peut mutiler des inscriptions et détruire un monument de granit ;
mais le lecteur a eu l'occasion de le constater souvent au cours de ces
pages, et c'est d'ailleurs un fait évident, les mêmes sentiments de vénération envers les quatorze glorieux martyrs, à Laval et dans tout le
pays, sont gravés au fond des cœurs et restent inaltérables.

CHAPELLE EXPIATOIRE
D'après une photographie

Inscription du Monument commémoratif
de l'église d'Avénières

Sur le Monument reproduit ci-contre, deux longues inscriptions
sont gravées. A droite et à gauche de la pyramide centrale, les tables
de marbre appliquées au mur ont reçu les NOMS DES VICTIMES
INHUMÉES | SOUS CE MONUMENT. Nous avons donné ces rensei-
gnements plus haut et nous n'y revenons pas. Les indications relatives
à MM. Moulé, Philippot et Migoret sont erronées par suite d'une trans-
position de lignes par le graveur, et le nom de M. Duliou a été défiguré.

Voir en outre la note 4 de la page 118 au sujet de l'inscription suivante.

DIEU ET LE ROI

Ce Monument a été ér | igé pour transmettre a | la Postérité la mémoi | re
de quatorze Prêtres du | Diocèse morts victimes de | leur dévouement pour
l'u | nité de la Foi Catholique et | la stabilité du Trône Royal | dans la
famille de St Louis et | de Henri IV.

Ils furent décapités le 21 janvier | 1794 sur la place de Laval sous | la
tyrannie des Régicides. leurs | corps jetés hors la Ville dans une | Lande
nommée la Croix-Bataille | en cette Commune furent couverts | d'un peu de
sable !

La tempête de la Révolution étant | apaisée par le retour de notre Roi | le
DÉSIRÉ les dépouilles mortelles de ces victimes ont été exhumées. | transférées
dans cette église d'après l'autorisation de Monseigneur l'Évêque du | Mans
MICHEL-JOSEPH DE PIDOLL; de Mon | sieur André D'ARBELLES Préfet de |
la Mayenne par les soins de messieurs | Joseph GESBERT, Curé de cette Paroisse |
et Joseph Lelièvre, Maire de la Commune | Ces dépouilles mortelles reposent
réunies sous | ce monument. elles y ont été déposées le 9 août 1816 | avec les
cérémonies religieuses les plus solennelles | par le concours d'un clergé
nombreux, des autorités | locales, des Parens des Victimes, de Messieurs les |
Marguilliers et d'une infinité de Citoyens de | toutes les classes.

La mort même, avec tout l'appareil des tourmens, | n'a donc pu séparer ceux
que notre sainte Religion | avait unis par la Piété envers Dieu et la Fidélité
envers le Roi ! |

Si coram hominibus tormenta passi sunt, spes illorum | immortalitate plena
est (sap. 2, 3).

MONUMENT COMMÉMORATIF DE L'ÉGLISE D'AVÉNIÈRES

CHAPITRE VI

Les quatorze prêtres sont-ils des martyrs ?

Martyrs ! M. Boullier enregistre précieusement dans son enquête ce nom traditionnel des quatorze héros.

« J'atteste qu'il est de notoriété publique qu'ils (les quatorze prêtres) n'ont été mis à mort que pour avoir refusé les serments que leur conscience ne leur permettait pas de prêter. J'atteste en outre que tous les hommes religieux de ce pays les ont toujours considérés comme de vrais martyrs ayant versé leur sang pour Jésus-Christ. En mon particulier j'ai toujours eu cette opinion sur leur compte ».

Un grave magistrat, M. de Villiers, fit cette déposition à l'enquête de 1839 (11 mai) ; et Sœur Marie-Madeleine à Rennes, René Macé à Laval, déposent dans les mêmes termes, attestant leur sentiment et le sentiment du peuple au milieu duquel ils vivaient.

Martyrs ! Ce nom glorieux, sous lequel l'histoire et le peuple les connaissent, nous aussi nous le répétons à l'honneur des nobles victimes, à titre privé bien entendu, en attendant que la sainte Église, à laquelle il appartient exclusivement de le décerner, le consacre de son autorité divine.

Car les quatorze Martyrs ont été les témoins de Dieu.

*
* *

Les juges les ont-ils condamnés en haine de la foi et les prêtres ont-ils accepté la mort pour la foi, en se soumettant à la volonté de Dieu ?

Examinons si, dans la scène du 21 janvier, se vérifient ces conditions que le grand Pape Benoît XIV a déterminées et dont l'Église a fait des lois canoniques pour reconnaître et proclamer le martyre.

A l'unanimité les témoins déclarent que les prêtres ont été guillotinés *parce que coupables d'avoir refusé et de refuser à nouveau les serments qui leur étaient imposés.*

Et le jugement qui les envoie à l'échafaud n'est pas moins explicite. Les prêtres y sont accusés : 1º d'avoir refusé le serment exigé en 1791 et celui de 1792 ; 2º d'en avoir renouvelé le refus à l'audience du 21 janvier 1794.

Quels sont ces serments ?

Le premier, dit *de la Constitution* ou *de la Constitution civile du Clergé,* ordonné le 27 novembre 1790 par une loi que sanctionna Louis XVI, le 26 décembre suivant, était prescrit « à tous les ecclésiastiques, évêques et prêtres, exerçant une fonction publique ; ils devaient jurer de veiller avec soin sur ceux qui leur étaient confiés, d'être fidèles à la Nation, à la Loi et au Roi, et de maintenir de tout leur pouvoir la Constitution décrétée par l'Assemblée Nationale et approuvée par le Roi ».

La nouvelle Constitution comprenait une partie concernant spécialement le clergé et connue sous le nom de *Constitution civile du Clergé,* œuvre schismatique qui violait les droits de Dieu et les lois de l'Église, dont elle usurpait la juridiction (1).

(1) La Constitution civile du Clergé faisait partie intégrante de la Constitution générale du royaume ; les Administrateurs de la Mayenne n'en exigeaient pas moins la mention expresse dans le serment déféré aux ecclésiastiques ; mais comme les mots de « Constitution civile » n'étaient pas dans la loi, quand le prêtre refusait de les prononcer, les officiers municipaux n'insistaient pas.

Ce serment, exigé d'abord des « ecclésiastiques fonctionnaires », fut bientôt étendu à tous les ecclésiastiques fonctionnaires ou non, prêtres ou non, qui furent indistinctement expulsés (p. 13).

Le Pape Pie VI condamna ce serment le 13 avril 1791.

Le second serment, dit de *Liberté-Égalité*, date du 10 août 1792. En voici les termes généralement employés : « Je jure. d'être fidèle à la Nation et de maintenir de tout mon pouvoir la liberté et l'égalité ou de mourir à mon poste ».

Le mot de constitution avait disparu, mais la formule, habilement conçue, restait très pernicieuse, et chacune de ses parties était pleine de dangers pour la foi.

Cette *fidélité à la Nation* ne pouvait être que la fidélité à la nation avec son organisme social, sa charte, ses lois fondamentales. La constitution politique avait beau être bouleversée, la constitution civile du clergé demeurait inchangée avec ses lois opposées à celles de l'Église : comment lui promettre fidélité ? — En second lieu, les termes de *liberté* et *d'égalité* qu'on jurait de maintenir étaient à bon droit fortement suspects, équivoques, dangereux, tels qu'il est défendu de s'en servir dans un serment surtout, avant que leur sens soit nettement précisé. Ils pouvaient avoir une signification admissible, mais on devait redouter plus encore de les voir employés dans un sens très mauvais et plusieurs fois condamné (1) d'anarchie, de nivellement universel, d'abolition de toute autorité, de liberté muée en licence sans frein, dans tout domaine. En l'espèce, c'était reconnaître et consacrer « l'élection libre » des pasteurs par les laïques, indépendamment de l'Église, et beaucoup d'autres choses contraires à l'autorité spirituelle ; tel était le venin mortel qui devait interdire ces mots aux catholiques. — La dernière partie de la formule : *ou de mourir à mon poste*, n'impliquait pas une tolérance, une attitude simplement passive de la part du jureur (c'eût été trop déjà) ; elle imposait une réelle complicité, une coopération au mal.

Pour toutes ces raisons (2) le serment de Liberté-Égalité devait être refusé.

Il est vrai que Pie VI ne l'a pas condamné comme le précédent, mais le Souverain-Pontife lui était, lui fut toujours défavorable, et Rome a

(1) Encyclique du 25 décembre 1775. — Bref du 23 avril 1791. — Bref du 23 février 1791, à Loménie de Brienne. — Allocution consistoriale du 17 juin 1793.

(2) Ce n'est pas le lieu de développer ces arguments et d'exposer la controverse qui s'est engagée à ce sujet.

constamment donné pour ligne de conduite à ceux qui l'avaient émis, de *mettre ordre à leur conscience, parce que dans le doute il n'est pas permis de jurer.* Dès le mois de mai 1792, le Pape, prévenu du projet de ce serment, avait fait avertir de se tenir en garde et de ne pas l'admettre avant d'avoir consulté le Siège Apostolique.

*
* *

Les prêtres de la Mayenne n'avaient pas attendu la condamnation du premier serment pour le refuser : deux cent cinquante-trois le rejetèrent purement et simplement ; deux cent quatre-vingt-dix y avaient ajouté des explications ou des restrictions équivalentes à un refus ; seule le prêta une infime minorité, composée surtout d'étrangers et d'ecclésiastiques peu recommandables ; et encore y eut-il de ces jureurs à se rétracter par la suite.

Les prêtres fidèles à l'Église ne prêtèrent pas davantage le serment de Liberté-Égalité que rejetait également le peuple très chrétien de nos pays (1) : environ quatre cents furent exilés et les autres, de cent dix à cent vingt, emprisonnés à Patience, où ne restaient plus que quatorze d'entre eux au mois de janvier 1794, comme nous l'avons expliqué.

Ces quatorze prêtres avaient déjà refusé les deux serments et les refusèrent encore le 21 janvier : le fait est constant, établi par un acte judiciaire authentique que nous avons reproduit et par de nombreux témoignages.

Il est une chose étrange et qui ne doit pas rester inaperçue : comment comprendre qu'on ait voulu leur imposer en 1794 le premier serment ? N'était-ce pas une *dérision*, suivant que le fit remarquer une des victimes, M. Pellé ? Le roi était guillotiné depuis un an, et depuis près de dix-huit mois la constitution était abolie. Les prêtres de la Mayenne sont peut-être les seuls auxquels on ait voulu imposer à cette époque ce serment de 1791, qui n'avait plus aucun sens au point de vue politique ; donc, en renouvelant leur refus, les accusés *ont confessé la foi.*

Ils ont *encore confessé la foi* en refusant de nouveau le serment de

____

(1) V. Appendice, *Les Causes de la révolte dans la Mayenne pendant la Révolution.*

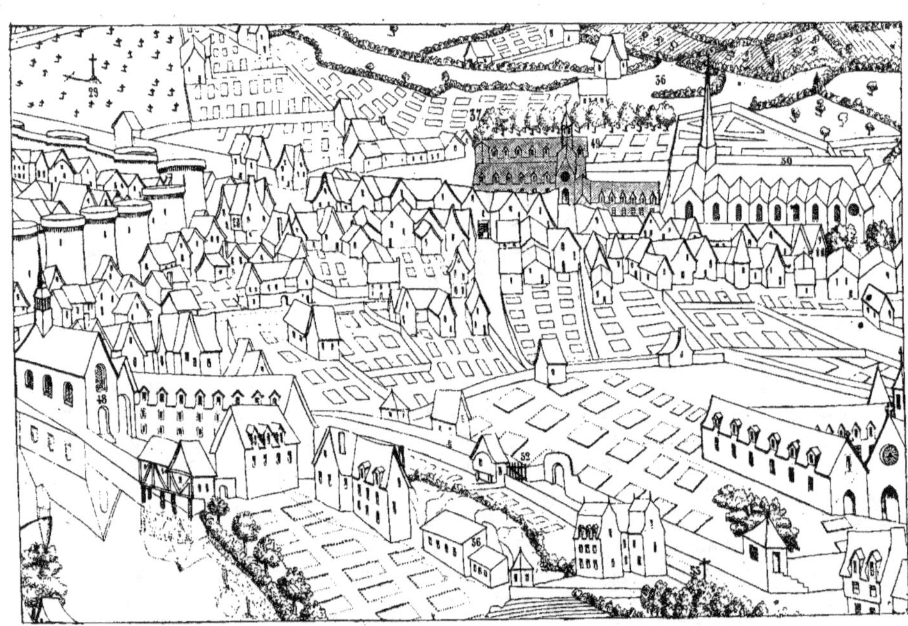

Fragment de la vue perspective de « LAVAL EN 1753 », dessinée et reconstituée par F. Beauvais en 1863

Légende : 29. Cimetière de la Trinité. — 36. La basse Valette. — 37. Barrière des Tuyaux. — 48. Le vieux Saint-Louis (hospice). — 49. Couvent de Patience (prison des prêtres). — 50. Couvent des Cordeliers. — 52. Barrière des Capucins. — 53. Croix des Capucins. — 54. Couvent des Capucins. — 56. Grotte aux Fous, dépendance de Saint-Louis.

Liberté-Égalité, non seulement parce que scandaleux, mais parce qu' « aussi opposé à la loi de Dieu », selon la réponse de M. Turpin du Cormier au Tribunal. Nous en avons brièvement indiqué les raisons. Et si, en 1792, il était jugé mauvais, « opposé à la droiture de la foi » (1), comment le qualifier en 1794, quand les termes de liberté-égalité avaient des reflets de sang, que tant de crimes se commettaient et que la persécution religieuse sévissait sous leur nom ?

De plus, remarque M. Boullier, que signifie l'obligation de mourir à son poste ? Quel poste occupaient ces malheureux prisonniers ? Mais précisément son non-sens et l'insistance mise à exiger ce serment ne démontrent-ils pas qu'on voulait l'assimiler au premier et que ceux qui le prêteraient seraient des jureurs au même titre que les autres ? (2).

* *
*

Et maintenant les juges ont-ils *condamné les prêtres en haine de la foi* ?

Eux-mêmes déclarent que le motif de leur sentence est le refus des serments ; or le refus des serments était un acte de foi : les exiger était par conséquent exiger un acte contraire à la foi.

Veut-on d'autres preuves ? Qu'envisageaient les juges lorsqu'ils demandaient en 1794 le serment de 1791 ? Un sens politique ? Non, puisqu'à ce point de vue ce serment n'avait pas lieu d'être.

Mais un sens religieux ou plutôt antireligieux lui restait attaché : c'était donc un acte antireligieux, un acte schismatique que voulaient les Commissaires.

Le président Clément ne l'a-t-il pas déclaré en termes clairs lorsqu'au nom de la Commission il a signifié que *le serment qu'il exige, le serment de fidélité à la République, est aussi celui de ne professer aucune religion, ni la catholique ni aucune autre ?* Autant dire qu'il demande un acte d'apostasie. Le jugement ne mentionne pas cette décla-

(1) Boullier, *op. cit.*, ch. XIII.
(2) *Idem, ibid.*

ration, il est vrai, mais aucun doute ne subsiste sur ce point grâce aux témoins de l'audience. Et lors même que chacun des prêtres n'eût pas été mis en demeure d'apostasier, lors même que la demande en eût été adressée à quelques-uns seulement, tous ont entendu le Président, compris son explication et le sens qu'il donne au serment (1).

Dans un considérant de la sentence, la même preuve est manifeste. Les juges ne craignent pas de le dire formellement : les prêtres sont dignes de mort parce que, *hypocrites et fanatiques, ils pourraient induire en erreur un peuple crédule, toujours facile à séduire dans ses opinions religieuses ;* c'est donc l'homme religieux qui est poursuivi, son influence qu'il faut empêcher. Obéissant à la haine qui les anime, ces juges rendent public leur but de poursuivre, de châtier sur l'échafaud, d'empêcher à tout prix l'influence de tout prêtre fidèle sur le peuple toujours foncièrement religieux qu'ils ont juré de déchristianiser, dont ils veulent déraciner la foi.

Ainsi est vérifié ce que nous avons noté en commençant. La guerre à l'Église a été dès la première heure un des buts principaux, sinon le but principal de la Révolution. Parce que c'était pour elle le moyen sûr, nécessaire, unique de régner, la Révolution se proposait de détruire l'Église. Il importait d'abuser le peuple, et c'est la raison pour laquelle d'abord elle chercha à établir une église schismatique qui serait entre ses mains un instrument à rejeter au rebut le jour où elle se sentirait assez puissante pour tout briser. Le prêtre était l'ennemi à abattre, à noyer dans le sang : toute la raison du drame de Laval est là.

*
* *

Il nous reste à répondre à la dernière question : *Les quatorze prêtres ont-ils accepté la mort, fait le sacrifice de leur vie pour la foi, en se soumettant à la volonté de Dieu ?*

Les faits sont là pour répondre. En quittant Patience, les prisonniers n'ignoraient pas qu'ils allaient à l'échafaud ; ils n'avaient aucun doute

---

(1) Il est très important de noter encore qu'à partir de cette déclaration faite publiquement par le Président du Tribunal, le sens d'apostasie est désormais attaché au serment que la Commission révolutionnaire exigera ainsi des accusés.

sur ce que leur vaudrait l'obéissance à l'Église et ce que leur coûterait le refus de serment. Ils connaissaient la férocité et la haine satanique des Commissaires ; et la terrible Commission ne leur a caché ni la portée de leur acte ni le sort qui les attend : la guillotine, que les victimes ont vue en venant au Tribunal, n'est-elle pas toujours sous leurs yeux à la porte du prétoire ?

Obéir, c'était la vie sauve. Refuser, c'était la mort.

Ils avaient pleine et entière liberté de choisir, et leur choix se fit en parfaite connaissance de cause : volontairement, délibérément, ils choisirent la mort pour être fidèles à Notre-Seigneur Jésus-Christ.

*
* *

Ils sont morts pour la foi et dans un acte de charité. C'est parce qu'ils aiment Dieu par dessus tout qu'ils vont au supplice et donnent, au prix de leur sang, la plus grande preuve d'amour qu'ils puissent donner à Dieu. Saintement préparés, baignés dans les eaux salutaires de la Pénitence avant de quitter le Tribunal, *ils s'en vont joyeux d'avoir été jugés dignes de souffrir et de mourir pour le Christ Jésus* (1).

Que manque-t-il à leur gloire et à leur titre ?

Cependant la sentence porte un « considérant » que la Commission a voulu ajouter : « Ces individus (les prêtres) par leur refus opiniâtre de se conformer aux lois de la République, de les reconnaître et de les observer, sont coupables de conspiration secrète contre la souveraineté du peuple français, conspiration... dangereuse qui pourrait induire en erreur un peuple crédule, toujours facile à séduire dans ses opinions religieuses... leurs principes étaient les mêmes qui avaient allumé... la guerre désastreuse de la Vendée ».

Nous avons prouvé qu'en déclarant poursuivre et empêcher l'influence des prêtres, les juges font l'aveu de persécuter la foi : que penser des deux autres accusations ?

La dernière vaut-elle la peine d'être relevée ? Parce que les Vendéens sous les armes ont les mêmes principes religieux que les prêtres, les

____

(1) *Quelques victimes de la Terreur dans la Mayenne*, p. 15.

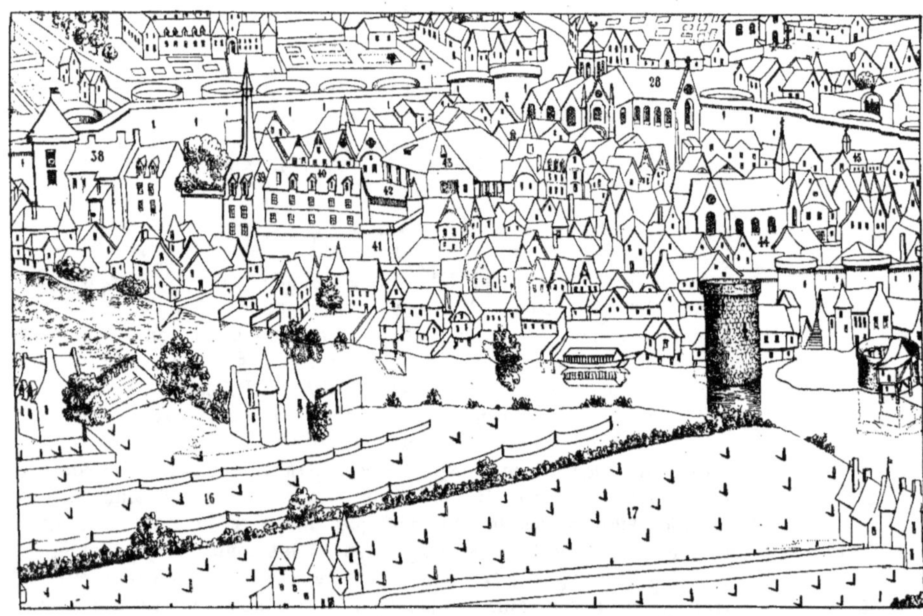

Fragment de la vue perspective de « LAVAL EN 1753 », dessinée et reconstituée par F. Beauvais en 1863

Légende : 16 et 17. Blanchisserie de M. Le Clerc de la Jubertière. — 26. Couvent des Bénédictines. — 28. Église de la Trinité. — 30. Couvent des Ursulines (actuellement Lycée). — 38. Le vieux Château. — 39. Tour Malabry et grande horloge. — 40. Château neuf (actuellement Palais de Justice). — 41. La Poterne. — 42. Place au Grain (actuellement Place du Palais). — 43. Les vieilles Halles. — 44. Saint-Tugal. — 45. Le Collège.

prêtres doivent-ils être traités comme des soldats pris les armes à la main ? Parce qu'en Angleterre on respire le même air qu'en France, un Français est-il Anglais ?

Le grief de conspiration secrète vaut-il davantage ? Ce n'est qu'une calomnie inventée par la perfidie des Commissaires qui avaient résolu la mort de leurs victimes et les poursuivent de leur haine jusqu'au pied de l'échafaud ? La Commission n'avait aucun droit de connaître du refus de serment ; elle crée un semblant légal qui voudrait transformer les accusés en brigands et rebelles, pour motiver son jugement. Nous avons signalé ce procédé habituel dans ses sentences de mort contre un prêtre ou une religieuse. Quand ces prêtres ont-ils commis un acte de rébellion, ou prêché la révolte et fait appel aux armes contre leur patrie ? A la vérité, ils n'ont pu souscrire des serments contraires à leur conscience et aux droits de Dieu. Ministres du Dieu de paix, expulsés de leurs églises et de leurs presbytères, obligés à se séparer de leurs paroissiens, dépouillés du peu qu'ils possédaient, dénués de ressources, internés, incarcérés, ils ont subi les plus dures pénalités des lois les plus injustes. Ils sont restés en France, parce que la loi toujours en vigueur les exemptait de la déportation à cause de leur vieillesse ou de leurs infirmités. En quoi étaient-ils plus coupables le 21 janvier qu'auparavant ? En vertu de quelle loi le refus de serment était-il puni de mort ? Qui donc, des Commissaires ou des prêtres, a violé la loi ? Le crime de conspiration qu'on leur reproche n'est autre que leur refus de serment. « Les premiers martyrs étaient, eux aussi, déclarés coupables de révolte contre les empereurs parce qu'ils refusaient de se soumettre aux édits contre la religion, ce qui ne prouve pas plus contre les uns que contre les autres » (1).

Quel cas faut-il donc faire de l'insertion, dans une sentence de mort, d'un motif politique sous lequel des juges chercheraient à dissimuler leur but de persécuter la religion ? Serait-ce une raison d'enlever à la victime la palme du martyre ? Ce n'est pas la première fois que cette question se présente. Benoît XIV et Pie VI qui le cite, répondent : « Peu importe qu'un tyran allègue un prétexte étranger à la foi ou du moins n'ayant avec elle qu'un rapport accidentel ; dès que son but principal est de faire

(1) Boullier, *op. cit.*, ch. XIII.

mourir un chrétien en haine de la foi, il y a martyre » (1). L'objectif de la Commission Clément est certain ; elle l'avoue ; elle s'en vante ; elle s'attaque à la foi des Serviteurs de Dieu ; le motif qu'elle allègue ne saurait donc être invoqué pour les priver de leur auréole.

Cette sentence confirme ce que nous avons dit (p. 42) : on peut tirer le bien du mal et trouver jusque dans le texte du jugement des victimes, une preuve de leur martyre. Même remarque de M. de la Gorce : « Le seul motif allégué était le refus opiniâtre du serment qui constituait, aux termes de la sentence, une conspiration secrète contre la souveraineté du peuple français. Nulle autre accusation, nul autre grief ; en sorte que la confession de la foi chrétienne apparaissait dégagée de tout alliage humain. Ainsi arriva-t-il que les mêmes juges, qui croyaient châtier, rédigèrent de leurs propres mains l'acte authentique du martyre » (2).

Concluons par les mots de M. Boullier : « Nous ne savons pas si, parmi les nombreuses victimes de la Révolution, il en est qui réunissent plus complètement que ces Serviteurs de Dieu les conditions que l'Église considère comme constituant le martyre » (3).

*
* *

Nous disions, en accompagnant les quatorze Serviteurs de Dieu au Tribunal : « Épuisés par l'âge et les maladies auxquels se sont jointes les fatigues et les privations d'un emprisonnement de dix-huit mois, les accusés n'ont aucun doute sur leur sort s'ils persistent dans leur résistance. La guillotine est là qui les guette. Leur courage et leurs forces vont-ils les trahir ? Écoutons-les ».

Nous les avons entendus.

« Non, non ! Aidé de la grâce de Dieu, je ne salirai pas ma vieillesse », s'écrie M. Philippot.

« Et moi, je serai heureux de laver ma faute dans mon sang », dit humblement M. Ambroise.

---

(1) Allocution Consistoriale du 17 juin 1793 sur la mort de Louis XVI (V. Rohrbacher, *op. cit.*, I. 99, et opuscule librairie Privat, Toulouse).

(2) De la Gorce, *op. cit.*, t. III, p. 304.

(3) Boullier, *op. et loc cit.*

« Je serai fidèle à Jésus-Christ jusqu'à mon dernier soupir », reprend le P. Triquerie.

De la part de tous c'est la même réponse sublime, faite sans peur ni hésitation (1). Tous sont prêts à donner leur vie. Tous mourront pour la même cause. Tous veulent bien la mort : aucun ne veut la vie au prix d'une trahison : ils ont tous droit à la même palme (1) et leur mort est la plus glorieuse des victoires, la victoire de la foi. *Hæc est victoria quæ vincit mundum, fides nostra* (2).

En montant à l'échafaud chacun d'eux a pu répéter les paroles de l'Apôtre : « Je vais verser mon sang et voici le moment de la mort. J'ai combattu le bon combat, achevé ma course, gardé la foi ; il ne me reste plus qu'à recevoir la couronne de justice qui m'est réservée » (3).

** **

Que ce sang, glorieusement versé pour la plus sainte des causes, ensemence le champ de la jeune église de Laval ! Qu'il y fasse germer et croître de nombreuses vocations sacerdotales qui continuent leur œuvre de salut !

Appelons de nos prières le jour béni où l'Église, exauçant le pieux désir de ses enfants, placera sur ses autels les quatorze prêtres mis à mort en haine de la foi, à Laval, le 21 janvier 1794.

---

(1) Nous insistons sur l'unanimité et la même netteté de refus de la part des quatorze prêtres parce que nous lisons dans M. de la Gorce (*op.* et *loc. cit.*) : « A chacun des reclus trois questions furent posées. Une seule réponse fut, si je suis bien informé, un peu ambiguë ». Nous tenons à affirmer que nous ne connaissons rien, absolument rien, qui motive cette restriction, même formulée avec ce doute. Certainement aucune déposition des témoins ne prête à la moindre ambiguïté : tous les témoignages s'accordent à dire que les quatorze prêtres ont rejeté les serments. N'aurions-nous que le texte du jugement que ce texte suffirait puisqu'il est explicite sur l'unanimité des réponses et qu'on n'y trouve aucune réticence, rien d'ambigu. La sentence dit au contraire très clairement qu' « ils (les quatorze prêtres) s'y sont constamment refusés » (au serment). Aussi le Tribunal a-t-il jugé, condamné et fait exécuter les quatorze accusés comme coupables et convaincus du même crime.

(2) 1re Ép. de S. Jean, ch. V, v. 5.

(3) *Ep. à Timothée*, ch. IV, v. 6 et s.

Le clergé, qui se plaît à les regarder comme ses modèles, pourrait enfin leur rendre solennellement les honneurs dont ils semblent dignes.

Le peuple, heureux de satisfaire sa piété, verrait ses vœux comblés s'il lui était permis de recourir publiquement à leur intercession pour obtenir la grâce de conserver intacte la foi qu'ils ont si noblement professée.

Ces héros seraient les gardiens fidèles et les illustres patrons du pays qu'ils ont empourpré.

Et l'Église, aux heures longues et amères de la souffrance, quand saigne son cœur maternel, l'Église, montrant avec fierté à ses amis et à ses ennemis l'héroïque phalange, dirait à tous de sa voix autorisée :

« Apprenez de vos prêtres à vivre et à mourir ! »

FOI, ESPÉRANCE ET CHARITÉ
d'après une vignette ancienne

NOTRE-DAME DES VERTUS
au carrefour de la rue Renaise
et de la rue des Béllers,
à Laval

CHAPITRE VII

Jacques Burin, prêtre, tué en haine de la foi
le 17 octobre 1794

Jacques Burin, fils d'honnêtes et chrétiens agriculteurs, naquit le
6 janvier 1756 à Champfleur (diocèse du Mans) ; après ses études au
Collège de la Flèche et au Mans, il fut ordonné prêtre le 23 septembre
1779 et envoyé vicaire à *Lamnay,* où il se montra, disent les chroniques,
« ami de la vertu, distingué par le mérite et aimant à faire le bien ».
Appelé à la cure de *Saint-Martin-de-Connée* (6 janvier 1787), « le jeune
curé, écrit-on dans les mêmes chroniques plus de cinquante ans après sa
mort, exerça le saint ministère avec tant de zèle et de charité qu'il est
encore présent et en grande vénération dans l'esprit de tous ceux qui
l'ont connu » (1).

En 1790, M. Burin ne craint pas de signaler du haut de la chaire le
péril qui menace la foi et ne consent pas à publier la perfide *Instruction*

(1) *Chroniques paroissiales de Saint-Martin-de-Connée.*

sur la Constitution civile du clergé ; le 20 février 1791, quand on exige
de lui le serment, il en fait un commentaire avec des explications et des
restrictions qui équivalent à un refus. Les révolutionnaires ne devaient
pas l'oublier ; aussi, lorsque le 12 juin, jour de la Pentecôte, le curé

VIEILLE CHAPELLE DE NOTRE-DAME-DU-CHÊNE EN SAINT-MARTIN-DE-CONNÉE

publia la Bulle et le Bref du Pape condamnant le serment à la Constitution, ils le dénoncent, et bientôt M. Burin, arrêté, garotté, est emprisonné
à Sainte-Suzanne, dont le Tribunal le condamne (1), le 19 août « à être
privé de traitement pendant deux ans, et à s'éloigner de la paroisse de

(1) L'Avoué-Conseil nommé d'office par le Tribunal à l'accusé, O. Provost, révolutionnaire des plus exaltés, lui fit signer, en vue d'obtenir un élargissement, une requête « dont
certains termes sont ambigus et qu'on aimerait plus fière », écrit le R. P. Pottier, qui en
propose plusieurs explications (Cf. *Jacques Burin*, p. 81).

FRAGMENT DE LA CARTE DE JAILLOT

Le pays d'Évron, où M. Burin exerça son ministère

Connée pendant trois ans, à distance de dix lieues, si mieux n'aime se retirer dans le lieu de sa naissance ou dans la maison de retraite indiquée par arrêté du département, comme coupable et convaincu : 1° d'avoir lu une Bulle du Pape ; 2° d'avoir tenu des propos inconsidérés contre les assermentés ; 3° d'avoir fait lire une brochure relative aux mariages présidés par les mêmes » (1).

On voit que c'est bien le prêtre qui est poursuivi et condamné pour avoir rempli son devoir.

M. Burin se retira sans bruit, non dans son lieu de naissance, ni dans la maison de retraite départementale, ni à dix lieues de Connée. Il n'a pu se résigner à s'éloigner de son troupeau et se rend à quelques kilomètres de distance, dans la paroisse de *Saint-Georges-sur-Erve ;* son frère y possède une ferme qui lui offre un asile providentiel, à *Coffrard,* « pays perdu... Chartreuse à souhait pour mener la vie cachée ». Ses paroissiens sauront facilement le trouver et lui, échappant à la loi d'exil, continuera le ministère apostolique sous le nom de *Sébastien* et le déguisement d'un marchand de fil qui lui permettra de parcourir les villages de *Saint-Martin-de-Connée,* de *Loupfougères,* de *Champgeneteux,* de *Villaines,* de *Trans,* de *Saint-Thomas-de-Courceriers,* où il passera en faisant le bien.

Sa vie fut celle de ces admirables ouvriers de Dieu qui restèrent à évangéliser le Maine pendant ces années terribles, de ces héros de la foi « errant dans les solitudes et sur les montagnes, se cachant dans les grottes et les cavernes, manquant de tout, traqués comme des malfaiteurs, vivant dans l'angoisse et l'affliction » (S. Paul, Hebr. xi, 36, 39). M. Burin savait sa tête mise à prix. A chaque instant des colonnes mobiles sillonnaient le pays, à la recherche d'ecclésiastiques dont la présence était signalée. Une prime de cent francs était promise à qui dénonçait un prêtre, et ceux qui lui donnaient asile s'exposaient très gravement. Plusieurs fois des perquisitions eurent lieu à Coffrard ; mais M. Burin n'y résidait pas toujours ; d'autres cachettes lui avaient été

(1) Nous omettons un quatrième grief, celui « d'avoir visé a égarer et soulever les habitants de Connée en cherchant à persuader au peuple la surcharge des impôts en vertu de la nouvelle Constitution ». M. Burin prouva dans son interrogatoire (*ibid.,* p. 70) l'inanité de cette accusation, qui n'en fut pas moins maintenue dans la sentence. — Cf. Arch. dép., L 134.

ménagées et facilitaient sa mission dans les paroisses qu'il visitait, bien que le danger fût toujours menaçant, même après la Terreur, qui se prolongea dans le Bas-Maine plusieurs mois après la chute de Robespierre.

Au mois d'octobre 1794, M. Burin fut averti que des filles *Lemaire,* de *Courcité,* voulaient se convertir et demandaient à se confesser. Les

M. JACQUES BURIN « TUÉ PAR DES IMPIES »
Dessin de F. Chauveau

personnes étaient peu recommandables ; « leur famille avait donné dans tous les travers de la Révolution » (1), et un de leurs frères était chef de la garde nationale de Courcité ou de la colonne mobile d'Évron. Le prêtre connaissait toutes ces circonstances inquiétantes ; il se serait reproché de s'arrêter à l'idée d'un piège et ne voulut voir dans cette démarche qu'un coup de la grâce : « Je serai à la ferme du *Petit-Coudray,* chez Maître *Rouland,* le jour de la foire de Saint-Michel de Sillé-le-

(1) Tous ces détails et ceux qui vont suivre sont extraits du récit d'un témoin dans les Archives paroissiales de Saint-Martin-de-Connée.

Guillaume », répondit-il. On insiste sur le péril qu'il va courir, et lui de
répliquer « qu'on l'attend au Petit-Coudray, qu'il brûle de s'y rendre ».
Au Petit-Coudray, le fermier lui avait fait préparer un lit dans la grange,
mais il prévint M. Burin, arrivé dans les premières heures de la nuit,
que la colonne mobile d'Évron se trouvait à Courcité et qu'une perquisi-
tion était à craindre d'un moment à l'autre. « J'ai donné ma parole, dit
le prêtre, je la tiendrai ; il s'agit d'âmes à sauver. A la grâce de Dieu ! »

L'ENTERREMENT DU MARTYR
Dessin de F. Chauveau

Alors Rouland lui montra une cachette pour se réfugier en cas d'alerte.
Et M. Burin songea à prendre un peu de repos.

Les craintes étaient trop fondées. Les Bleus arrivent au jour naissant.
M. Burin se voit trahi. Que faire ? Certain d'être découvert même dans la
cachette et, s'il est pris dans la ferme, de compromettre Rouland, il doit
se dérober. Mais à peine a-t-il fait quelques pas hors de la grange qu'un
premier coup de fusil l'atteint et qu'un second l'étend raide mort. Alors
se produit une scène de sauvagerie. *Terre,* l'assassin. un ancien chantre
à l'église d'*Évron,* se félicite et baise son arme « qui lui a fait faire un
si bon coup ». Les soldats se jettent sur le cadavre et le dépouillent.

« C'est lui, c'est bien lui », s'écrient-ils joyeusement. Ils s'emparent de son calice et jettent sur le fumier le corps de leur victime sans aucun vêtement. Puis ils vont à la ferme où ils se livrent à une orgie dans laquelle ils profanent et souillent le calice, pillent, saccagent tout et

ARDOISE TROUVÉE DANS LA FOSSE DE M. BURIN

Lecture de l'inscription

HIC J... S...NUS BURIN RECTOR DE CONNEE QUI IMPIORUM

EBRONIENSIUM SCLOPO MARTYR OCCUBUIT DIE 17 8ris 1794.

TESTE RIPAULT. P. C.

s'éloignent portant comme des trophées, au bout de leurs baïonnettes, les vêtements ensanglantés de M. Burin.

La nuit suivante seulement, deux hommes de cœur osèrent paraître au Petit-Coudray et creusèrent, dans un closeau voisin de la ferme, une fosse où ils déposèrent respectueusement le cadavre, après l'avoir enveloppé d'un linceul. Un an après, un prêtre caché dans le voisinage, M. l'abbé *Ripault,* fit rouvrir la fosse et y plaça une grande ardoise portant cette inscription, que nous traduisons du latin :

Ici repose Sébastien (1) *Burin, curé de Connée, que des impies d'Évron tuèrent à coups de fusils. Il mourut martyr le 17 octobre 1794. Témoin Ripault, p. c.* (prêtre catholique).

De longues années s'écoulèrent sans qu'on s'occupât de rechercher le corps pour lui rendre les honneurs d'une sépulture ecclésiastique ; les fermiers et les témoins avaient quitté Coffrard, et le bruit s'était répandu que le corps de M. Burin avait été relevé et transporté ailleurs. En 1846, plus de cinquante années après ces événements, un jeune vicaire de Saint-Martin-de-Connée (1841-1847), digne prêtre, qui devint ensuite curé de la paroisse (1847-1882), M. *Bressin*, rencontra le fils du fermier Rouland ; celui-ci lui raconta le récit de la mort de M. Burin et de sa sépulture, à laquelle il avait assisté à l'âge de neuf ans. Les souvenirs du témoin étaient précis et, sur ses indications, le corps de M. Burin fut retrouvé le 17 février 1846, avec l'ardoise déposée par M. Ripault. L'émotion fut vive dans toute la contrée, qui avait fidèlement gardé le souvenir de l'homme de Dieu. Prêtres et fidèles accourent. Les ossements sont précieusement recueillis dans un cercueil et transportés à l'église de Trans. Avec l'autorisation de Mgr Bouvier, évêque du Mans (2), le mercredi des cendres 25 février, le corps fut triomphalement amené à la chapelle de Notre-Dame du Chêne où il resta pendant la nuit, entouré de pieuses personnes en prières ; le lendemain le cercueil, porté par les plus anciens des notables de Connée, escorté de dix-huit prêtres et suivi par une foule de fidèles des paroisses voisines, reprit le chemin de Saint-Martin et entra dans l'église où, après une messe solennelle et l'absoute, quatre prêtres le descendirent au tombeau qui avait été préparé devant l'autel de la chapelle dite de Sainte-Barbe.

(1) Un coup de pioche a malheureusement mutilé l'ardoise le 17 février 1846 et quelques lettres ont disparu, qu'il est cependant facile de suppléer. Le R. P. Pottier lit *Jacobus* (Jacques) et reconnaît que les trois dernières lettres de ce mot, très nettes d'ailleurs, sont bien nvs ; mais il croit voir un B tracé au-dessus de ces lettres ; nous croyons que c'est plutôt un S et nous avons ainsi *Sebastianus* (Sébastien), le nom que portait M. Burin pendant sa vie cachée et que connaissait l'auteur de l'inscription.

(2) L'autorisation épiscopale est datée du 22 février.

* *

N'a-t-on pas le droit de croire que M. Burin est digne d'être mis au rang des témoins de Dieu et n'est-ce pas un martyr qui est tombé le 17 octobre 1794 ?

RETOUR TRIOMPHAL DU CORPS DE M. BURIN
Dessin de F. Chauveau

Il se rend au Petit-Coudray pour accomplir un acte de charité, remplir un devoir de ministère sacerdotal, ramener des âmes à Dieu. Il sait qu'il expose sa vie ; il l'expose constamment, à dire vrai ; mais ce jour-là, à différentes reprises, le danger lui est signalé et il répond : « On m'attend. Je brûle de m'y rendre » ; et encore : « Il s'agit d'âmes à sauver. A la

grâce de Dieu ! » Le bon pasteur est prêt à donner sa vie pour ses brebis,
et si l'une d'elles est perdue, il ira la chercher pour la ramener au
bercail : c'est en pleine connaissance du danger qu'il va au rendez-vous
convenu.

Ceux qui le poursuivent ne sont guidés que par la haine de la religion
et du prêtre. Le guet-apens est formel : il a été dressé entre les filles
Lemaire et leur frère, commandant la colonne mobile ; le lieu et le jour
ont été fixés. Il suffit d'entendre les soldats pour juger de leurs sentiments. Leur joie éclate en cris sauvages quand ils reconnaissent leur
victime. L'indigne traitement qu'ils lui infligent après sa mort ; ce soldat
qui baise son arme criminelle ; l'orgie à laquelle la bande se livre ; le
calice qu'elle profane ; les vêtements ensanglantés qu'elle porte en
triomphe, tout prouve la haine de la foi.

M. Burin est tombé en martyr.

« Daigne la sainte Église le reconnaître par un jugement solennel et,
dans la personne du vénérable Maître Jacques-Sébastien Burin, donner
aux prêtres comme aux fidèles, avec un nouveau protecteur céleste, un
modèle entraînant des plus authentiques vertus ! Foi profonde, charité
sans reproche et sans peur, zèle de feu, fidélité magnanime au devoir,
prudence sans faiblesse, indéfectible amour de Dieu. De ces vertus notre
âge a tant besoin ! » (1).

(1) R. P. A. Pottier, *op. cit.*, p. 138.

Arch. dép., L 134. — *Arch. paroissiales de Saint-Martin-de-Connée.* — M. Gérault,
Mémoires ecclésiastiques concernant le district d'Evron. — Bibliothèque de Laval. Fonds
Bernard : Almire Bernard, *Notes historiques.* — Et le beau livre : *M. Jacques Burin,* dans
lequel le R. P. A. Pottier a mis en valeur tous ces documents.

CHAPITRE VIII

Françoise Mézière, sœur d'école et de charité

Quinze jours après l'exécution des prêtres martyrs, le 17 pluviôse an II (5 février 1794), la Commission Clément condamne à mort et fait exécuter cinq victimes, au nombre desquelles *Françoise Mézière, ci-devant sœur de charité de la commune de Saint-Léger, atteinte et convaincue,* dit le jugement, *d'avoir pendant neuf jours nourri deux brigans* (1) *réfugiés en une loge et même pansé religieusement les blessures d'un et lui avoir procuré tous les secours dont elle était capable, secours qu'elle venait de refuser à de braves volontaires, caché encore une autre loge où elle sembla déclarer résidents sept autres brigans, d'en avoir vers sa municipalité gardé le plus morne silence, en conformité du refus de prestation du serment de fidélité aux lois de la patrie, d'avoir comme une autre vipère de l'engeance sacerdotale, vomi mille fois les invectives les plus outrageantes contre le sistème républicain* (2).

(1) Nom donné aux Vendéens par les révolutionnaires.
(2) Arch. dép., *Registre des jugements de l'ancienne Commission révolutionnaire.*

Ce jugement est un des plus injustes, des plus cyniques, des plus
odieux, des plus honteux dans la longue liste des jugements honteux et
iniques de cette vile Commission.

***

Françoise Mézière, la condamnée, naquit et fut baptisée à Mézangers
le 20 août 1745. Elle reçut les leçons des Sœurs de la Charité de la
Chapelle-au-Riboul (aujourd'hui *Sœurs de la Charité d'Évron*) et fut
formée par elles à l'éducation des enfants et au soin des malades. Bientôt
Françoise put remplir cette double charge dans la paroisse de *Saint-
Léger,* qui entoura d'estime et d'affection la bonne *Sœur d'école et de
charité,* titre dont le peuple honorait les institutrices laïques consacrées
au soin des malades et à l'éducation des enfants.

Son zèle fut encouragé et sa vertu soutenue par le curé et le vicaire
de la paroisse que la persécution avait chassés à la suite de leur refus de
serment. Sous leur direction Françoise Mézière avait montré une piété
ardente, un dévouement sans borne et une infatigable charité ; après
leur départ, elle se retira au village de *la Baillée,* et se dévoua plus
ardemment encore aux œuvres qui la sollicitaient de toute part. Mais le
bien qu'elle faisait lui attira nécessairement la haine des impies : leur
haine allait être satisfaite.

Sur la dénonciation de deux Vendéens, arrêtés le 14 pluviôse (2 février
1794), le citoyen Bouvet, procureur-syndic du district d'Évron, fait saisir,
dans la nuit du 15 au 16, Françoise Mézière, qui est aussitôt confrontée
avec ses dénonciateurs et envoyée à Laval.

Les Archives de la Mayenne (District d'Évron, *Correspondance à
divers du procureur-syndic,* p. 149) conservent l'acte suivant qui contient les motifs et les circonstances de l'arrestation.

16 pluviôse au C^{en} (citoyen) Accusateur public
près la Comm^{on} (Commission) militaire établie à Laval.

« La garde nationale d'Évron a arrêté deux brigands de la Vendée,
« réfugiés dans les bois de Livet (Livré). Le lendemain je les ai fait

« paraître au d^{re} (directoire) pour leur faire quelques questions. Ces deux
« scélérats ont déclaré que la no^{ée} (nommée) Mézière, espèce de sœur
« de Charité de la commune de Saint-Léger, alloit les visiter dans la

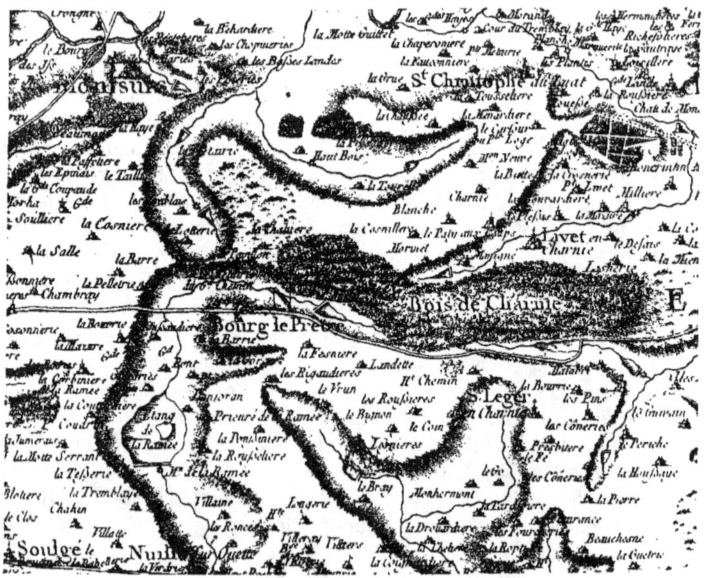

LE PAYS DE SAINT-LÉGER ET DE LIVET-EN-CHARNIE
d'après la Carte de Cassini

« loge où ils étoient retirés, quelle leur portoit des subsistances et
« quelle avoit fourni des remédes à l'un d'eux pour le guérir d'une bles-
« sure que lui avoit occasionné la déroute du Mans. Un de ces monstres
« a ajouté que la fille Mézière lui avoit dit quelle connoissoit encore une
« loge dans laquelle se retiroit sept de leurs camarades. D'après ces
« déclarations j'ai remis un R^{re} (réquisitoire) au commandant de la gen-

« darmerie N^le (nationale) de cette ville pour faire arrêter lad. (la dite)
« Mézière, ce qui a eu lieu cette nuit.

    « Ce matin je l'ai fait paraître devant les deux brigands et ils ont
« persisté dans les déclarations qu'ils m'avoient fait la veille.

    « Je t'envoye ces trois individus afin que tu puisse faire instruire leur
« procès et requérir contreux la juste punition de leurs forfaits.

« Signé : Bouvet ».

C'est donc sur la dénonciation ou les déclarations des deux Vendéens
et à cause de sa charité que Françoise Mézière a été arrêtée.

*
* *

Nous ne possédons que cette pièce, jointe à la sentence mise en tête
de cette notice. Il n'y a pas à compter sur l'interrogatoire fait à Laval
et qui se trouvait dans un des trois registres disparus des Archives ; mais
l'acte d'arrestation et la sentence suffisent pour la cause.

Le jugement énumère cinq griefs, dont deux sont empruntés au premier acte. Pour peu qu'on les étudie, ces cinq griefs se réduisent à deux,
car le premier se confond avec le troisième, et le quatrième avec le cinquième. Du premier chef, Françoise Mézière est déclarée coupable
d'avoir exercé la charité, et du second, d'avoir professé la foi et
refusé le serment. (Nous laissons de côté un grief et nous en dirons plus
loin le motif).

Devait-elle, pour plaire à ses juges, refuser de secourir les deux
Vendéens, dénoncer les autres et causer leur mort ? Elle a préféré les
sauver en exposant sa vie. Mais, retenons-le, elle est poursuivie et comparaît, de l'aveu même des juges, comme coupable d'un acte de charité
sainte. Si c'est un crime à leurs yeux, pour elle c'est un honneur, un
devoir sacré, une vertu que des scélérats peuvent méconnaître et condamner, que Dieu aime au contraire et récompensera au centuple.
Françoise sera, elle est une victime héroïque de la charité.

Passons au second chef d'accusation : Françoise rejette le serment
d'obéissance aux lois de la patrie. En vertu de quelle loi lui demande-t-on

ce serment? Est-elle fonctionnaire? Non. Le droit d'enseigner lui a été enlevé et elle a cessé de l'exercer depuis longtemps, lorsqu'elle a refusé de prêter le serment civique prescrit le 17 avril 1791 aux maîtres et maîtresses d'école (1). Appartient-elle à une Congrégation religieuse? A aucune.

C'est donc uniquement la chrétienne que les Commissaires poursuivent, et nous comprenons leur acharnement. Nous sommes dans les jours où de pauvres Religieuses, terrorisées et indignement trompées, ont prêté à Laval le serment de Liberté-Égalité; la Commission veut une nouvelle victoire le 5 février. Mais nous sommes aussi au lendemain

de la victoire des quatorze prêtres, et la vierge intrépide entend les suivre.

Le serment qu'on exige d'elle a même des termes qui aggravent celui de 1792. L'arsenal des « lois de la patrie » en 1794 comprend la constitution civile du clergé, la guerre à la religion, l'abolition de tout culte extérieur, et le reste. Et il faudrait jurer de s'y soumettre ! Ce serait un crime.

Il est même probable que les juges entendent ce serment comme une apostasie puisqu'ils l'ont déclaré le 21 janvier et voulu l'imposer à des prêtres : pourquoi non à celle qu'ils traitent de « vipère de l'engeance sacerdotale », ce qui veut évidemment dire qu'elle s'inspire des sentiments et des exemples des confesseurs de la foi? La rage des juges transpire dans leur sentence. En face d'une faible femme sans défense, qui ne s'émeut ni des menaces des bourreaux, ni de la guillotine, qui manifestement ne craint que Dieu, ces hommes si méprisables trouvent

____

(1) Il est vrai que le 2 septembre 1792 avait modifié un peu et aggravé la formule du 10 août précédent en l'imposant à tout citoyen, mais cette formule fut vite oubliée et la loi ne paraît pas avoir été mise à exécution dans la Mayenne.

moyen de s'avilir encore ; ils se plaisent à bafouer, à insulter sa foi, à lui reprocher de *panser religieusement* un blessé, à la traiter de *vipère* parce qu'elle imite de saints prêtres. Elle les imitera jusqu'au bout et comme eux elle sera martyre. .

Pas un de nos historiens n'a relevé le second grief du jugement et nous ferons comme eux, parce qu'il est à dédaigner. Cette admirable chrétienne aura subi tous les outrages. Quoi ! Elle aura pratiqué la charité jusqu'à exposer sa vie pour soigner un blessé et sauver des malheureux, et elle aurait refusé ses secours à « de braves volontaires ! » A l'exemple du divin Maître, la servante de Dieu aime ses ennemis : ces volontaires eussent-ils été ses pires ennemis que sa foi lui faisait un devoir de les secourir, s'ils en avaient besoin. Quoi ! Elle aurait violé à ce point la charité dont elle est l'héroïque victime ! On peut croire à la vertu de celle qui va mourir pour sa foi et personne ne voudra croire aux accusations de ces professionnels de l'injustice et de la calomnie.

Une seule chose est certaine ; c'est que, si la victime avait voulu prêter le serment, tous les autres griefs étaient abandonnés ; elle aurait eu la vie sauve (1), tandis qu'elle ne doutait pas de sa condamnation en refusant ce qui lui était demandé.

*
* *

Tous nos historiens mentionnent qu'après avoir entendu la sentence de mort, Françoise Mézière remercia ses juges de lui procurer le bonheur d'aller à Dieu et que l'un d'eux osa lui dire : « Puisque tu vas voir ton bon Dieu, fais-lui donc mes compliments ! »

Il semble entendre le gros rire du maréchal ferrant et de ses brutes de compagnons, heureux d'applaudir à sa criminelle insolence, pendant

---

(1) A Laval, les Bénédictines, Ursulines et Clarisses qui refusèrent le serment à la fin de janvier 1794 furent emprisonnées et menacées de la guillotine si elles n'obéissaient pas sous trois jours. Elles s'y résignèrent (sauf deux), trompées par les administrateurs et cédant à un exemple fatal : aussitôt elles furent mises en liberté ; toutes se rétractèrent. Les Archives départementales possèdent quelques-unes de ces rétractations. Voir aussi le *Couvent de Sainte-Scholastique à Laval,* par M. l'abbé Angot, et *Sœur Sainte-Monique* (1916). Lib. Goupil.

que la vierge, modeste et recueillie, se tient sans trouble devant eux.
Elle a frémi pourtant sous ce grossier outrage, pour elle mille fois plus
pénible que tout le reste. Et ses lèvres ont murmuré une prière pour les
blasphémateurs, qui ignorent combien il est doux de servir et d'aimer
Dieu jusqu'à la mort.

Dans leur sentence les juges avouent, déclarent qu'ils poursuivent
leur victime et la condamnent pour avoir exercé la charité et refusé le
serment ; en l'envoyant à l'échafaud, ils reconnaissent et témoignent
qu'elle va mourir pour Dieu. Dieu permet que ces monstrès donnent un
témoignage irrécusable en faveur de Françoise Mézière.

Nos historiens proclament cette pieuse institutrice *martyre de la
charité et de la foi.*

Arch. dép., *loc. cit.* — Abbé Perrin, *Les Martyrs du Maine.* — Boullier, *Mémoires
ecclésiastiques sur Laval,* ch. XIII. — Gérault, *Mémoires ecclésiastiques concernant le district
d'Évron.* — Dom Piolin, *Histoire de l'Église du Mans durant la Révolution,* t. III, l. 6,
ch. VII. — Abbé Angot, *Dictionnaire.* — *Instruction populaire dans la Mayenne.* — Triger,
Conférence du 13 janvier 1910. — *Semaine Religieuse* de Laval, 1921, n°' 29, 31, 35, 37.

CHAPITRE IX

Françoise Tréhet et Jeanne Véron
Sœurs de la Charité de la Chapelle-au-Riboul

Au temps de la Révolution vivaient à *Dompierre* (Saint-Pierre) *des Landes*, deux Sœurs de la Charité de la Chapelle-au-Riboul, Françoise Tréhet et Jeanne Véron, qui, suivant les règles de leur famille religieuse, se vouaient à l'instruction des enfants pauvres et au soin des malades.

Vinrent les lois persécutrices qui leur interdirent l'enseignement pour n'avoir pas prêté le serment civique et dispersèrent les Ordres religieux ; à leur grand chagrin et au chagrin de l'excellente population de Saint-Pierre, les Sœurs durent cesser leurs fonctions de maîtresses d'école et quitter l'habit de leur sainte vocation, mais elles n'en furent pas moins fidèles aux vertus de leur état et restèrent dans la paroisse qui réclamait leurs soins pour ses malades (1) et leur dévouement d'autant

(1) Le 17 avril 1791 une loi prescrivit la déchéance de leurs fonctions des membres de l'enseignement qui n'avaient pas prêté le serment exigé par les lois du 26 décembre 1790 et du 23 mars 1791 ; mais une circulaire du procureur-syndic de la Mayenne (12 octobre 1791) explique que le refus de serment rend les Sœurs inhabiles pour l'enseignement et non pour les services de charité. En 1793 on trouve encore quelques écoles tenues dans la Mayenne (quatre au moins) par des Sœurs ayant refusé le serment. La loi du 18 août 1792 interdisait tout costume ecclésiastique ou religieux ; à Évron, les Sœurs de la Charité gardèrent leur costume jusqu'au 31 juillet 1793. La dispersion de la Congrégation ne fut définitive que le 7 septembre 1793.

FRANÇOISE TRÉHET & JEANNE VÉRON, SŒURS DE LA CHAPELLE-AU-RIBOUL, DEVANT L'ÉCHAFAUD

(13 MARS 1794 - 20 MARS 1794)

plus nécessaire que Saint-Pierre était le théâtre de combats incessants
entre Chouans et Bleus ; les blessés et les malades y affluaient ; la misère

LE PAYS D'ERNÉE ET DE DOMPIERRE-DES-LANDES
d'après la Carte de Jaillot

et les souffrances sollicitaient sans trêve la charité des pieuses vierges
qui, suivant leur coutume, se donnaient à tous avec le même désintéressement.

20

L'excès même de leur charité, s'il peut y avoir excès dans la charité, causa leur perte : elles furent accusées de secourir les Chouans ; mais les délateurs eurent soin de taire qu'elles agissaient de même à l'égard des Bleus. Ne les accusa-t-on pas, comme Françoise Mézière, de refuser leurs soins aux Bleus pour les donner aux autres ? C'est fort possible, et des paroles de Françoise Tréhet au tribunal semblent l'indiquer. Comme si, pour elles, il y avait à considérer les opinions de celui qui souffre et a besoin de secours ! Comme si tous les malheureux n'étaient pas leurs amis et leurs frères ! Mais que coûte une calomnie à l'homme qui persécute la vertu ? La vertu l'irrite, l'offense, l'excite plutôt au mal.

Le jour du sacrifice et de la récompense approchait pour les deux Servantes de Dieu. Les Terroristes voulaient approvisionner la Commission qui amenait sa guillotine à Ernée et ils étaient en quête de victimes. Les Sœurs de Saint-Pierre-des-Landes, signalées depuis longtemps à leur choix, furent aussitôt emprisonnées : *Clément, Quantin* et *Coutard,* le trio criminel d'Ernée, allaient être satisfaits.

La Commission révolutionnaire arriva le 21 ventôse an II (11 mars 1794) à Ernée et y resta jusqu'au 30 (20 mars). Le lendemain de son arrivée, dès que l'échafaud eut été dressé avec sa guillotine, elle se mit à l'œuvre et ne s'accorda que deux jours de repos (d'orgies), les 26 et 27 ventôse ; sur une centaine de détenus, elle en fit exécuter trente-huit en sept jours : trente-trois hommes et cinq femmes.

Sœur Françoise Tréhet comparut et fut guillotinée le 23 ventôse (13 mars) et Jeanne Véron le 30 ventôse (20 mars), un décadi, jour défendu (1).

En quittant la prison, Sœur Françoise Tréhet avait la certitude de son sort ; elle dit adieu à ses compagnes de captivité en ajoutant qu'elles ne se reverraient plus sur la terre.

Au prétoire, le Président l'accuse d'avoir soigné des Chouans. — *Bleus ou Chouans,* répond-elle, *tous sont mes frères en Jésus-Christ ; je ne refuse mes soins à personne.*

On lui ordonne de crier : Vive la République. Elle refuse *parce que*

____

(1) Nous racontons, d'après Perrin, Gérault, Dom Piolin, Angot et autres, la scène qui se passa au Tribunal.

*ce cri était un blasphème contre Dieu, dont la République avait
renversé les autels.*

Le juge insiste : « Si tu ne cries pas, tu vas périr ». Nouveau refus de
la part de la Sœur.

Auprès d'elle, un soldat, ému de pitié, veut la sauver ; il crie : *Vive
la République,* et ajoute : « Elle a crié. — *Non, ce n'est pas moi,*
reprend la Sœur. — A mort », réplique le Président.

ANCIEN HÔTEL DE VILLE D'ERNÉE
où siégea la Commission révolutionnaire

Françoise Tréhet fut aussitôt conduite à l'échafaud avec plusieurs
autres victimes qu'elle ne cessa d'exhorter pendant le trajet et jusqu'au
dernier instant. Au sortir du Tribunal elle avait entonné le *Salve Regina,*
que couvrit vite le bruit des tambours. Elle mourut en priant.

Sœur Jeanne Véron, très souffrante, dut être transportée de l'hôpital
devant la Commission. Elle était incapable de faire un mouvement, mais
la douleur qui accablait son corps n'avait aucune prise sur son âme. Sa
profession de foi ne fut pas moins belle que celle de sa compagne ; sa
condamnation fut la même et sa mort ne fut pas moins édifiante. Elle fut

portée à la guillotine sur une chaise, disent les uns, dans un van, disent les autres.

C'est, en résumé, tout ce que rapportent nos historiens, mais les actes judiciaires, l'interrogatoire et la sentence (1), nous donnent quelques autres renseignements.

*
* *

Françoise Tréhet comparut le 13 mars après cinq autres prévenus. A la question ordinaire concernant ses nom, prénoms, âge, profession, domicile, elle répond, d'après le greffier : *Françoise Tréhet, fille, âgée de 37 ans, ci-devant Sœur de la Charité de la Chapelle-au-Riboux (sic), orig. (originaire) de Saint-Mars-sur-la-Futais (sic), dom. (domiciliée) à Saint-Pierre-des-Landes, n'est point sortie de cet endroit que depuis son arrestation.*

Jeanne Véron comparaît également la sixième le 20 mars et répond : *Jeanne Véron, âgée de 28 ans, or. (originaire) de Clennes (Quelaines), dist. (district) de Château-Gontier, grisette (2) de Dompierre-des-Landes, n'a fait ny veut faire aucun serment ; la religion catholique, ap. (apostolique) et r. (romaine), est la seule en laquelle on puisse se sauver.*

Le registre des interrogatoires ne nous livre pas autre chose. Nous l'avons dit, ce registre, sous la Commission Clément, ne donne généralement rien de ce que l'on est en droit d'attendre. Très certainement d'autres questions et réponses ont été faites. Toutefois, l'interrogatoire de Jeanne Véron contient un détail très important que nous relèverons,

Le texte du jugement apporte un peu plus de lumière. Nous y lisons que *Françoise Tréhet... accoutumée de recéler des prêtres réfractaires et ne voulant promettre fidélité à sa patrie, se trouvant aussi du pays des Chouans, est convaincue de les avoir alimentés et protégés par ses discours. — Et que Jeanne Véron... a recélé les prêtres*

---

(1) Arch. dép., *Registre* A C *des Interrogatoires devant l'ancienne Commission* (ventôse-germinal) *an II. — Extrait du Registre destiné à inscrire les jugements portés par l'ancienne Commission révolutionnaire.*

(2) Ce nom de « grisette » donné familièrement aux Sœurs venait de leur vêtement qui était de serge grise.

réfractaires, qu'elle a formellement refusé de prêter le serment de fidélité à sa patrie et que se trouvant dans le pays des Chouans, elle les alimente et protège et ne veut les déceler.

LA RÉVÉRENDE MÈRE TULARD
Fondatrice des Sœurs de la Charité de la Chapelle-au-Riboul (aujourd'hui d'Évron)

« Entendu en ses conclusions le citoyen Volcler, accusateur militaire, la Commission les condamne à mort. Et sera le présent jugement exécuté sur le champ ».

Nous avons juxtaposé les textes de l'interrogatoire et du jugement des Sœurs parce que les deux textes se complètent et s'éclairent ; en somme les motifs de la condamnation sont semblables et, par conséquent, nos conclusions seront les mêmes.

Les accusations nettement formulées consistent dans le triple crime : 1° de recéler les prêtres réfractaires ; 2° de refuser le serment ; 3° de secourir les Chouans et de ne pas les déceler.

En réalité, le premier grief et le troisième constituent un même crime. On ne peut avoir égard à l'accusation d'exciter à la guerre civile : on l'a dit des quatorze prêtres martyrs ; il n'est pas étonnant qu'on le dise aussi faussement des Religieuses. On ne peut non plus compter comme un crime le fait d'habiter une commune où vivent des gens qui ne plaisent pas aux Terroristes.

Les Sœurs sont donc incriminées d'avoir secouru les Chouans et de ne pas les dénoncer. Devaient-elles les abandonner et les envoyer à la mort ? Des monstres sans religion ni pitié peuvent avoir de tels instincts, parce que les hommes s'en vont à la barbarie quand ils ne veulent plus de Dieu. Des chrétiens n'auront jamais ces sentiments. Ils sont les disciples de Celui qui est mort pour ses ennemis ; parce qu'ils aiment Dieu, ils aiment tous leurs frères. La réponse indignée de Françoise Tréhet a fait justice de cette accusation. Ce qu'on lui reproche, à elle et à sa compagne, est une vertu dont elles s'honorent à bon droit.

Les Sœurs ont recélé des prêtres réfractaires au lieu de livrer au bourreau ces admirables ouvriers évangéliques restés dans le Bas-Maine pour remplir leur ministère de salut, exposés chaque jour à la mort et menant une existence si méritante : n'était-ce pas un devoir de leur donner asile ?

En les accusant de ce double crime, la Commission proclame les Sœurs coupables d'avoir exercé la belle vertu de charité qui fera leur gloire éternelle.

Les juges passent à une autre accusation et s'attaquent directement aux croyantes : les Sœurs sont mises en demeure de confesser leur foi au prix de leur sang.

Elles refusent le serment qui leur est demandé. Françoise Tréhet, dit le jugement, n'a pas voulu promettre fidélité à sa patrie et Jeanne Véron

a refusé le serment de fidélité à sa patrie : c'est bien la même chose ; et
ce serment équivaut absolument à celui de fidélité aux lois de la patrie
que le même Tribunal voulut imposer à Françoise Mézière. Or, nous le
répétons, parmi les lois révolutionnaires, il en était qu'aucun chrétien ne

L'ANCIENNE ABBAYE D'ÉVRON AU DÉBUT DU XIXᵉ SIÈCLE

Maison conventuelle des Sœurs de la Charité

d'après une lithographie du peintre lavallois J.-B. Messager

pouvait admettre sans forfaire à sa foi. En le rejetant, les Sœurs n'ont
fait qu'obéir à leur conscience et à Dieu.

Elles connaissaient d'ailleurs la signification du serment dans l'intention des juges depuis leur déclaration du 21 janvier, et il est très
probable qu'elles-mêmes ont subi l'injure d'une demande formelle
d'apostasie. La profession de foi consignée dans l'interrogatoire de Jeanne
Véron est évidemment une réponse qu'une question spéciale a motivée ;
ses paroles sont inexplicables autremént, et on ne comprendrait pas que

le greffier les eût insérées, alors qu'il a passé sous silence tant d'autres choses.

Semblable question aura été adressée à Françoise Tréhet : le jugement des deux Sœurs reproduit exactement les mêmes accusations dans les mêmes termes, en particulier pour le serment : mêmes réponses, mêmes questions.

Françoise Tréhet et Jeanne Véron ont donc confessé la foi qu'on leur demandait de trahir, en présence de la guillotine placée plus près encore du prétoire à Ernée qu'à Laval ; elles l'ont fait délibérément, ayant le choix entre un serment qui leur assurait la vie avec la liberté, et le refus du serment qui entraînait la mort ; « elles ont mérité de recevoir de la main de Dieu la couronne de beauté » (1).

*
* *

Le peuple n'hésita pas à voir en elles des martyres et le témoigna aussitôt après leur mort. Les corps des deux victimes furent inhumés ensemble dans la *lande des guillotinés*, à *Vahaie*. De pieuses personnes les avaient accompagnés et marquèrent soigneusement la fosse sur laquelle on aimait à venir prier. Ces courageux actes de foi furent même le sujet d'une dénonciation contre les fidèles : on y signale « des rassemblements fanatiques dans la lande des guillotinés sur la tombe de gens mis à mort, dont ils font des idoles » (2).

Ce spectacle n'était pas pour plaire aux hommes de la Révolution, mais ces pèlerinages n'en continuèrent pas moins jusqu'au 16 juillet 1814, jour de l'exhumation des victimes, qu'il fut facile de retrouver. Le fossoyeur, le même qu'en 1794, donna des indications très précises que confirmèrent, à l'ouverture de la tombe, des lambeaux de vêtements recouvrant les ossements des Religieuses.

Les précieux restes furent emmenés processionnellement (3) à Saint-Pierre-des-Landes et inhumés dans l'église paroissiale, où ils reposent

(1) *Office des Martyrs*, ant. 2.
(2) Angot, *Dictionnaire*.
(3) Ces détails sont extraits des *Archives paroissiales de Saint-Pierre-des-Landes*.

en attendant la consécration, par l'autorité souveraine, du titre de martyres que la piété des fidèles a donné aux deux Servantes de Dieu.

Vingt-trois ans plus tard, à l'endroit des exécutions en 1794, au jour
anniversaire de la mort de Françoise Tréhet, était guillotinée une jeune
fille de vingt-trois ans, Adélaïde Coutard, dont le père, un des plus fou-
gueux révolutionnaires d'Ernée et un pourvoyeur de la guillotine, était
au premier rang de ceux qui applaudissaient à la mort des Religieuses.
Et cet homme fut témoin du déshonneur de sa fille, coupable d'avoir
empoisonné sa nièce ! Le peuple a vu, dans ces coïncidences, un châti-
ment de la justice divine.

Ach. dép., L. *Registre des Interrogatoires devant l'ancienne Commission.* — *Registre des
Jugements.* — Abbé Perrin, *Les Martyrs du Maine.* — Dom Piolin, *Histoire de l'Église du
Mans pendant la Révolution,* t. II, p. 296, et t. III, l. 6, ch. VII. — Abbé Angot, *Dictionnaire.*
— *Instruction populaire dans la Mayenne.* — Triger, *Conférence du 13 janvier 1910.*

SIGNATURE DE GILLES COUTARD
Chirurgien, Président du Comité révolutionnaire d'Ernée

CHATEAU-GONTIER VERS LE MILIEU DU XIXᵉ SIÈCLE
d'après le dessin de P. Hawke, pour l'*Anjou et ses Monuments*, de Godard-Faultrier

CHAPITRE X

Sœur Sainte-Monique (Marie Lhuilier)

Religieuse converse hospitalière de la Miséricorde de Jésus

Marie Lhuilier était née le 18 novembre 1744, à Arquenay, de très honnêtes cultivateurs, plus riches de foi que de biens terrestres (1). Orpheline avant l'âge de six ans, elle devint bergère, puis domestique, et passa la première partie de sa vie dans cette humble condition. Enfant et jeune fille, Marie ne se fit remarquer que par son angélique piété, un extérieur modeste et une fidélité scrupuleuse à remplir ses devoirs. Elle ne sut jamais ni lire ni écrire, ce qui ne l'empêcha pas, de pénétrer les secrets divins. De bonne heure, la croix et la pénitence l'attirèrent. Malgré la fatigue de travaux pénibles, elle jeûnait deux fois la semaine, prenait sur le temps de son sommeil pour prolonger ses prières et se servait d'une pierre en guise d'oreiller.

Tel un beau lys en sa grâce printanière s'épanouissait l'humble fille ravissante de piété et de virginale modestie, quand elle entendit la voix

---

(1) *Guillaume Lhuilier* et *Marie Saurage*, son épouse, eurent *quatre* enfants : trois fils et une fille. Le plus jeune des fils, René, s'envola au ciel à l'âge de trois mois. Le biographe de Sœur Sainte-Monique, M. Bréhéret, ne l'a pas connu ou n'a pas cru nécessaire de le mentionner.

de Dieu qui l'appelait plus près de lui dans un jardin fermé ; et un jour, après de longues et dures épreuves supportées vaillamment, le 13 octobre 1778, le jour tant souhaité, *le plus beau de sa vie,* la pauvre servante, devenue l'épouse du Roi des rois, s'attacha pour toujours au divin Maître par les liens si doux et si forts de la pauvreté, de la chasteté et de l'obéissance, dans l'Ordre qui la recevait comme converse, sous le nom de *Sœur Sainte-Monique,* au nombre des *Religieuses Hospitalières de la Miséricorde de Jésus,* à l'Hôpital Saint-Julien de Château-Gontier. Là sa vertu prit un merveilleux essor ; et celle qui, dans le monde, avait été le modèle de la jeune fille chrétienne, devint le modèle achevé de la Religieuse dans le cloître. Toutes pouvaient suivre ses exemples ; toutes, même les Religieuses de chœur, aimaient à prendre ses conseils et admiraient sa bonté, sa simplicité, sa sagesse : personne ne l'approchait sans respirer un parfum d'édification ; et entre elles, les Sœurs l'appelaient « notre sainte ». La renommée de la servante de Dieu, bien petite et bien cachée pourtant aux yeux du monde, franchit le cloître et se répandit dans la contrée, qui ne la connaissait non plus que sous le nom de « la sainte de la Maison ».

Ces bons souvenirs sont toujours vivants et ont été soigneusement consignés dans une notice écrite peu après sa mort, par l'aumônier de la communauté, M. Bréhéret, qui avait connu Sœur Sainte-Monique et la présente auréolée des vertus de la Religieuse accomplie. Humilité, charité exquise, amour de la pénitence et de la pauvreté, modestie charmante, obéissance admirable, recherche de la divine volonté en tout, union manifeste avec Dieu, tendre dévotion envers la très sainte Vierge : en un mot les plus beaux traits des saints se voyaient chez elle.

« Actuellement, dit M. Bréhéret, j'entends toutes ses Mères et ses Sœurs qui l'ont connue et qui ont vécu avec elle, prononcer son nom avec une certaine impression de joie et de respect tout ensemble. On ne jetait les yeux sur elle, pendant sa vie, que pour voir une image vivante des Saints sur la terre, et aujourd'hui on aime à s'en rappeler quelque particularité pour s'en entretenir dans les récréations et s'en faire un modèle dans sa conduite » (1).

(1) La notice sur Sœur Sainte-Monique, écrite presque sous les yeux des Religieuses et dans les années qui ramenèrent la Communauté à l'Hôpital, fut publiée en 1821.

A l'approche de la persécution, l'aumônier de l'hôpital, M. Thomas, avait dit, en désignant Sœur Sainte-Monique aux Religieuses : « Regardez, voilà une sainte. Si Dieu veut parmi vous une martyre, c'est elle que Dieu choisira. » Ce prêtre devait lui-même confesser la foi au prix

VIE

DE SŒUR MONIQUE,

RELIGIEUSE CONVERSE

DE LA MISÉRICORDE DE JÉSUS,

De l'Hôtel-Dieu de Châteaugontier.

AU MANS,

DE L'IMPRIMERIE DE MONNOYER.

1821.

Avec approbation de Mgr. l'Evêque du Mans.

FAC-SIMILÉ DU TITRE DE L'OPUSCULE DE M. BRÉHÉRET

de son sang, et la Sœur montait sur le même échafaud quelques mois après lui. En apprenant les édifiants détails des derniers moments du confesseur de la foi, elle s'était écriée : *Qu'il est heureux ! Que je désirerais mourir comme lui !* Ce moment était proche.

Plusieurs fois déjà, les révolutionnaires avaient essayé d'arracher le serment aux Sœurs de l'hôpital et chaque fois les bonnes Sœurs l'avaient refusé ; mais le 19 février 1794, elles furent menées devant le Comité qui leur laissa le choix entre le serment et la mort. On eut recours aux menaces et à des ruses diaboliques pour les vaincre : menaces et ruses furent également vaines. Le Comité en fureur n'osa pas toutefois aller plus loin et se contenta de les incarcérer, se réservant de tirer de leur résistance une vengeance éclatante. Bientôt une dénonciation amène la découverte d'objets (linge et vêtements) appartenant aux Religieuses et confiés par elles à des personnes amies. On les accuse publiquement d'avoir volé le bien de la nation ; Sœur Sainte-Monique, brutalement arrêtée, est jetée en prison le 11 avril, incriminée de vol, de contre-révolution, en plus du refus de serment et, au bout de deux mois de détention, conduite à Laval pour être jugée par la Commission révolutionnaire : c'était l'envoyer à la mort.

Pourquoi Sœur Sainte-Monique fut-elle choisie comme victime ? D'autres noms avaient été prononcés au cours des perquisitions : pourquoi seule fut-elle traitée avec tant de rigueur ? Pourquoi la Supérieure de la Maison ne fut-elle pas arrêtée de préférence comme responsable (1) ? C'est que l'accusation de vol n'était qu'un misérable prétexte doublé d'une calomnie. Et puis les révolutionnaires ne devaient-ils pas s'attaquer à la sainte, chercher à jeter le discrédit sur elle avant de la faire disparaître ? Ils voyaient en elle une pauvre fille sans instruction, incapable de se défendre et plus facile à dompter. Si elle résistait, ce serait l'échafaud qui terroriserait les autres ; si elle cédait, ce serait une défaite pour la Communauté et une victoire pour le Comité. De toute façon les Religieuses seraient amenées à céder.

Pendant que s'agitaient les Terroristes, la victime ne témoignait ni trouble ni inquiétude. Elle vivait dans la prison comme dans le cloître, toujours en prière et en parfaite union avec Dieu. C'est si vrai qu'après trois mois de captivité, elle dira que *ces trois mois ne lui ont pas paru trois jours, tant elle a été heureuse de souffrir pour Notre-Seigneur Jésus-Christ*. Elle partage la vie commune des prisonniers, refuse tout ménagement et n'a pas une parole d'amertume contre ses persécuteurs ; au contraire, elle prie particulièrement pour eux, *parce qu'ils sont bien*

(1) Quatre laïques impliqués avec elle dans cette affaire n'eurent à subir que quelques semaines de détention (Arch. dép. L y, *Registre des Mandats d'arrêt... à Château-Gontier*).

à plaindre. De prétendus sages viennent lui donner des conseils de grande prudence que les temps nécessitent, disent-ils, sur les choses qu'on peut taire et les réponses qu'il sera habile de donner au tribunal ; ils l'assurent du succès de sa cause pourvu qu'elle consente à prêter serment. Sa réponse ne varie pas ; elle remercie et ajoute : *Je n'ai que mon âme à sauver.*

La prisonnière édifie constamment. A Laval on la voit sans cesse préoccupée des autres, préparer à la mort les victimes envoyées à l'écha-

LA MAISON-DIEU SAINT-JULIEN DE CHATEAU-GONTIER
et l'ancien Monastère dans lequel vécut Sœur Sainte-Monique
d'après une photographie prise peu après 1871

faud et les exhorter à la résignation ; la nuit, elle va veiller un prisonnier souffrant qu'elle a découvert et lui prodigue des soins très pénibles. L'ange des prisons de Laval, Suzanne Loyand, qui vit la Sœur dans l'intimité, a témoigné « du parfait recueillement dans lequel la Sainte passa tout le temps de sa prison, de sa mortification continue et de sa parfaite soumission à la volonté de Dieu ». Quarante ans plus tard, M. Boullier recueillait d'elle ces paroles qu'il a reproduites dans son livre : « Sœur Sainte-Monique ! Ah ! quelle sainte ! Je n'ai jamais vu

une âme si belle !... C'était un ange. » Et M. Boullier ajoute : « Elle
(Sœur Sainte-Monique) mourra comme elle a vécu, c'est-à-dire comme
une prédestinée » (1).

**

Sœur Sainte-Monique fut appelée devant la Commission le 25 juin
et interrogée après cinq autres accusés. Là veille, malgré son état de
faiblesse extrême, elle avait jeûné, comme pour mieux se préparer à ce
grand acte.

Nous avons deux interrogatoires la concernant : l'un est fourni par
le Registre de la Commission (2) ; et l'autre, rapporté par des témoins
aux Sœurs de Château-Gontier, a été transcrit dans la notice consacrée
à Sœur Sainte-Monique. Nous ne pouvons les reproduire à cause de
leur longueur. Nous les résumerons suffisamment en exposant les motifs
de la condamnation qui fut aussitôt prononcée contre *Marie Lhuilier,
ditte Sœur Monique, atteinte et convaincue d'avoir dérobé à l'hôpital de Château-Gontier plusieurs effets et linges à l'usage des ci-
devant prêtres et religieuses, dans l'intention de les conserver
jusqu'au retour des uns et des autres, et en outre d'avoir provoqué
par plusieurs propos contre-révolutionnaires, d'abord de s'être
coalisé avec tous les fanatiques pour opérer la contre-révolution
par leur refus formel de ne jamais reconnaître la république...*
La Commission *condamne à la peine de mort Marie Lhuilier ci-
devant sœur hospitalière à Château-Gontier, et Renée Gilberge,
nièce d'un ci-devant curé réfractaire, atteintes et convaincues
d'avoir attenté à la souveraineté du peuple et provoqué le rétablissement de la royauté...* (3).

(1) Boullier, *op. cit.*, ch. XIII.

(2) Arch. dép. *Registre des Interrogatoires.* La Commission Clément a cessé ses fonctions
le 1ᵉʳ avril 1794. Sœur Sainte-Monique comparaît devant la Commission *Huchedé,* non
moins cruelle que la première. Les interrogatoires semblent plus réguliers, mais le présent
fait douter de leur valeur et de la créance qu'ils méritent.

(3) Faut-il faire remarquer le peu de clarté, pour ne pas dire l'inintelligibilité de la
première partie de la sentence et ses différences avec la sentence proprement dite ? On
peut noter fréquemment beaucoup de négligence ou d'ignorance dans la rédaction des
jugements.

SŒUR SAINTE-MONIQUE
Reproduction d'un dessin que possède Saint-Julien de Château-Gontier

Les motifs de la sentence sont donc au nombre de trois : vol, contre-révolution et refus de serment. En réalité, le dernier est le seul vrai et les deux autres un vain prétexte.

Que vaut l'accusation de vol ? Il y a certainement des voleurs parmi les juges qui, plus tard, furent poursuivis pour cette cause. Sœur Sainte-Monique, d'un mot, met à néant cette accusation en ce qui la concerne : *Je n'ai pas volé*, dit-elle. *Il est libre à chacun de donner ce qui lui appartient, à qui lui plaît.* Qu'a-t-elle donné ? Elle a remis au jardinier : douze tabliers à son usage, une nappe et douze essuie-mains, le tout appartenant à la Communauté. Dans l'interrogatoire, il est question « d'ustanciles qui ne conviennent qu'à des nones et à des prêtres. » La Sœur n'en a pas eu connaissance et le déclare aussi nettement qu'elle déclare ce qu'elle a donné. Et pourtant c'est sur le dernier motif, c'est-à-dire sur ce que l'on sait ne pas avoir été donné par l'accusée, que porte la sentence. Cette misérable accusation est si peu soutenable que la sentence de mort ne la reproduit pas. L'année suivante, le 25 octobre, une Sœur de la Communauté sera, pour ce motif encore, arrêtée, emprisonnée et conduite à Laval devant le Tribunal criminel. Va-t-elle être condamnée à mort ? Le crime, s'il y a crime, est semblable et même plus grave, car il s'agit d'ornements liturgiques appartenant à Saint-Julien et qui ont été découverts. Et le Tribunal s'empresse de mettre la Sœur en liberté. Qu'y a-t-il donc de changé ? Les lois ? Non ; mais les juges.

Faut-il s'arrêter au grief de contre-révolution, d'attentat à la souveraineté du peuple, de provocation au rétablissement de la royauté ? N'est-ce pas la plus cynique et la plus injuste accusation contre cette pauvre Sœur converse qui vit hors du monde et n'a d'autre arme que la prière, d'autre espérance que le Ciel ? Ses paroles sont interprétées comme un désir de reprendre sa vie de dévouement et de sacrifice auprès des malades : comment y voir des visées coupables et contre-révolution-naires ? Est-ce un crime ? Si elle et ses Sœurs avaient voulu prêter serment, n'est-il pas vrai qu'elles auraient été laissées en liberté et non enlevées de l'hôpital ? Encore quelques années et la Municipalité de Château-Gontier demandera elle-même aux Religieuses de reprendre leur service de charité ; les Religieuses accourent à cet hôpital d'où elles ont été chassées. Sont-elles criminelles ? Les guillotinera-t-on avec les Administrateurs ?

Disons une fois de plus qu'en inscrivant ce faux grief, les juges ont cherché à donner une apparence juridique à leur sentence, suivant leur coutume lorsqu'ils condamnent un prêtre ou une Religieuse pour refus de serment.

Reste seule l'accusation de coalition avec les fanatiques pour opérer la contre-révolution par leur refus formel de ne jamais reconnaître la république. en d'autres termes, par le refus de serment, refus que mentionnent les deux interrogatoires. « Veux-tu faire le serment ? demande le juge dans l'interrogatoire au Registre de la Commission. — *Non* », répond la Sœur. La demande et la réponse sont précises. Et ce « non » ne signifie pas que la Sœur refuse de reconnaître une République ; elle refuse seulement de reconnaître à la République actuelle le droit d'outrager Dieu, de persécuter l'Église, de profaner les autels, de violenter les consciences. comme la Constitution et les lois l'ordonnent.

Le juge la menace de la guillotiner si elle n'obéit pas, et elle déclare fièrement *qu'en ayant le bonheur de mourir pour conserver sa foi, elle aura plus tôt celui de voir Dieu ; qu'elle aime mieux mille fois mourir que de faire ce maudit serment qui perdra tant d'âmes ; elle ne le fera pas ; elle ne veut pas se perdre pour une éternité...* (1). Puis, s'adressant aux juges : *Je plains*, dit-elle, *ceux qui se laisseront gagner par vos sollicitations ; ils le regretteront ; et leurs regrets ne les sauveront pas, ni vous non plus.*

Sa profession de foi en face de la guillotine ne laisse rien à désirer. Pour elle et pour les persécuteurs, le serment est une question de vie ou de mort. En pleine liberté et en connaissance de cause, Sœur Sainte-Monique sacrifie sa vie, et les juges la condamnent en haine de la foi.

*
* *

La condamnation à mort est prononcée sur le réquisitoire de l'accusateur public, Garot, son parent, et aussitôt la Sœur tombe à genoux en

____

(1) Résumé de quelques-unes de ses réponses dans l'interrogatoire que rapporte M. Bréhéret. *Op. cit.*

remerciant Dieu de cette grâce insigne. Mais, à côté d'elle, éclatent les sanglots d'une autre condamnée qui n'a pas le même courage. Sœur Sainte-Monique ne pense plus qu'à sa compagne en larmes ; sa foi et sa charité lui font trouver des accents qui relèvent la désespérée en lui montrant le ciel.

Ensuite elle prend ses dernières dispositions, charge une charitable personne de lui assurer des prières et se coupe les cheveux pour éviter ce soin au bourreau qui ne lui épargnera pas cependant le plus grossier outrage, car il la saisit brutalement et fend ses habits d'un coup de sabre. La chaste vierge qui, malgré son état d'épuisement, avait montré jusqu'à ce moment une énergie surhumaine, se sent défaillir sous cet affront et s'évanouit.

A peine ranimée elle est conduite à l'échafaud. On la voit se prosterner à trois reprises, à l'exemple des Religieuses en présence de la vraie Croix, et rester ainsi prosternée en attendant son tour. Alors, elle se lève en murmurant cette prière : *Mon Dieu, faut-il mourir d'une mort si douce, tandis que vous avez tant souffert pour moi !*

Elle remercie un soldat qui veut lui prêter aide pour monter à l'échafaud, va s'étendre sur la planche et reçoit le coup de la mort. « De là, son âme très pure s'envola vers les demeures éternelles recevoir l'immortelle couronne du martyre » *(Légende de sainte Apollonie).*

Il était 7 heures du soir, le mercredi 25 juin. « Sœur Sainte-Monique a vécu comme une sainte et elle est morte comme une prédestinée ». La parole de M. Boullier n'est-elle pas pleinement vraie ?

La mémoire de l'humble Sœur converse est en vénération non seulement dans sa famille religieuse à Saint-Julien, ainsi qu'à Saint-Joseph de Château-Gontier et dans le pays, mais encore dans les Maisons de l'Ordre, même à l'étranger.

Partout on la regarde comme sainte et martyre.

Arch. dép. *Registre de la Commission révolutionnaire.* — *Affaire Nicolas Bourjuge.* — *Jugements du Tribunal criminel de Laval.* — Perrin, *Les Martyrs du Maine,* t. II. — Boullier, *op. cit.,* ch. XIII. — Dom Piolin, *op. cit.,* t. III, l. 6, ch. VIII. — M. Bréhéret, *Sœur Sainte-Monique.* — Batard, *Sœur Sainte-Monique.*

APPENDICES

I

Le Monastère de Patience

Le nom du Monastère de Patience revient souvent dans ce récit : il ne sera pas inutile d'en connaître un peu l'historique et la topographie.

On appelait Patience, ou Clos de Paradis, le terrain qu'occupait le Couvent de Franciscaines (dites *Urbanistes*, *Patientines*, *Clarisses*, et plus familièrement *Clairettes*) fondé en l'honneur de Madame Sainte Claire par Guy XV, comte de Laval, et Catherine d'Alençon, sa femme (1494 et 1497). Ce terrain formait un triangle délimité par la rue des Tuyaux, le Couvent des Cordeliers et les maisons en bordure de la rue de Rennes.

Rue des Tuyaux, l'enclos partait de la borne-fontaine appuyée à la maison n° 2 (vis-à-vis de la rue des Fossés) et atteignait primitivement le n° 16 : des achats et des dons faits au commencement du XVIe siècle l'étendirent au delà du n° 26. Le mur, dont on voit la crête en cet endroit, marque la limite entre Patience et les Cordeliers ; il descend vers la rue de Rennes (Cour *Mingé*) en longeant l'ancien jardin des Franciscains, leur Couvent (Caserne *Corbineau*) et le chevet de l'église de Notre-Dame, dont il n'est séparé que par un étroit passage. A maints détails nous reconnaissons la clôture refaite au XVIIe siècle pour remplacer un vieux mur insuffisant et menaçant ruine (1). La nouvelle

(1) En juin 1525, Jean Corbin, vicaire général du Mans, vint procéder à l'érection canonique, qui n'avait pas encore eu lieu, du Couvent de Patience, et ordonna, entre autres choses, de construire un mur parallèle à celui des Cordeliers, laissant entre eux un

clôture était bien telle que la prescrivit le « concordat » signé le 20 mai
1637 par les Frères-Mineurs et les Clarisses (1) ; elle « ne devra pas
permettre de voir… dans le jardin et le verger des Sœurs » sans toutefois « empescher la vue du grand vitrail de Saint-François » (2), et,
pour que le mur ait la hauteur régulière, le terrain sera creusé des deux
côtés en cette dernière partie, « de deux pieds chez les Franciscains, de
quatre pieds chez les Clarisses ».

Depuis le n° 2 de la rue des Tuyaux, l'enclos suivait la ligne des
maisons qui bordaient la rue de Rennes jusqu'au roquet de Patience
(n° 21) qu'il franchissait. Car le roquet appartenait en toute propriété
aux Religieuses qui possédaient encore de l'autre côté une maison située
entre leur Couvent et celui des Frères-Mineurs, dans la Cour Mingé ou
Cour du Contrôleur (rue de Rennes, 55), maison vendue par elles le
25 avril 1629 à Jehan Chapelet, sieur de Mingé, et rachetée par elles
aussi dès le 10 avril de l'année suivante. La limite du Couvent reste là
un peu obscure. Il est difficile de préciser son point *terminus*, malgré
les détails des « Déclarations des Dames de Patience » (3). Contentons-
nous de ce que résume ainsi M. de la Beauluère : « Cette maison (de la
Cour Mingé) était entourée de bâtiments dont une partie dépendait de la
Communauté. Les dames de Patience réunirent ces bâtiments à leur
Maison pour le logement des garçons et pour l'infirmerie ; une partie,
d'abord démolie, fut reconstruite en 1778 » (4).

Les murs de la Maison Conventuelle (combien changée !) subsistent
toujours. On les aperçoit du sommet du roquet de Patience, sur la
gauche, et plus aisément rue des Tuyaux, à 15 mètres en deçà de la
rue, du n° 2 *bis*, à quelques mètres au-dessus du n° 10.

« La Maison est grande et belle, écrivait Davelu avant 1789 ; l'église
assez jolie, sur une élévation. » L'éloge n'est ni long ni pompeux. Nos

chemin public de 8 pieds. L'ordonnance du vicaire général fut-elle exécutée ? Le mur parallèle et le chemin furent-ils faits ? *That is the question.* Nous sommes porté à croire que la
clôture refaite en 1637 remplaça le mur primitif qui existait probablement encore.

(1) Arch. dép. Série E. *François Jardin.*

(2) Le vitrail de la belle fenêtre si malheureusement aveuglée, au chevet de l'église de
Notre-Dame des Cordeliers.

(3) Arch. dép., série H. *Remembrances. Prieuré de Saint-Martin.*

(4) *Communautés et Chapitres de Laval.*

ANCIEN COUVENT DE PATIENCE, A LAVAL
Façade sud donnant sur la rue des Tuyaux (État actuel)

chroniqueurs ne se sont pas mis en frais pour décrire cette église ; ils
n'y relèvent pas le plus petit « prodige de l'art », pas « une vitre peinte »,
pas de marbre jaspé, pas de statue « en relief » qu'ils se plaisent tant à
montrer ailleurs. Ce devait être une pauvre, très pauvre église. L'auteur
des *Annales du Pais de Laval et parties circonvoisines*, le prolixe
Le Doyen, qui eût découvert et mentionné une aiguille dans un mille
de foin, assistant à la cérémonie de la dédicace de l'église de Patience,
le 23 juillet 1525, ne trouve rien de mieux à signaler que sa propre présence (1).

Résignons-nous à le croire. La chapelle des Clairettes n'avait pas
« la beauté qui surpasse tout ce qu'on peut dire d'une des sept merveilles
du monde », comme celle des Jacobins ; elle n'excitait pas la même admiration que les superbes vitres peintes de la Trinité ; on n'entendait pas
dire à Laval : « Voir l'église de Patience et puis mourir ! » Mais on disait
autre chose qu'il serait injuste de laisser dans l'oubli. Les Religieuses
de Patience portaient aussi le nom de « dévotes ». La petite Communauté était très édifiante et jouissait d'une haute estime à Laval ; chacun
rendait hommage à ses vertus et à sa grande charité. Malgré de très
modiques ressources, elle ne refusait jamais de secourir les pauvres, si
nombreux dans ce quartier (2), et leur faisait d'abondantes distributions
qu'elle prélevait sur ses jeûnes.

En 1790 (le 9 avril), obligées d'envoyer à l'Assemblée nationale l'état
de leur Communauté, elles protestent très dignement contre l'interdic-
tion de recevoir des sujets à la profession des vœux monastiques, et
rappellent que la prospérité du royaume est attachée à l'exacte obser-
vance de la religion, « Les Ordres religieux, disent-elles, ont été saintement établis et n'ont d'autre but que la perfection évangélique ; ils
concourent à la paix et à la tranquillité publique par leurs bonnes
mœurs, leurs exemples, leur charité, leurs prières et inspirent l'esprit
de soumission aux puissances légitimes ». Les Religieuses déclarent
enfin préférer toujours, avec la grâce de Dieu, leur pauvreté et la mort
même à toute séparation et à toutes les fausses joies du siècle (Suivent
leurs signatures. — Arch. nat. D[XIX] 6).

(1) Le cardinal Louis de Bourbon, évêque du Mans, vint faire l'érection en clôture le
26 mai 1526 et le pape Clément VIII confirma cette érection.
(2) *Déclarations des Dames de Patience, loc. cit.*

Lorsqu'il fonda avec tant de générosité le Couvent de Patience,
Guy XV n'avait demandé aux Sœurs que « la participation à leurs

FAC-SIMILÉ DU TITRE DE LA RÈGLE DES RELIGIEUSES CLARISSES DE PATIENCE
Réduction aux 3/5

trésors de prières, afin d'obtenir pour lui et ses successeurs la miséricorde divine. » Le comte de Laval ne pouvait être mieux inspiré. Les
Religieuses se montrèrent toujours ferventes et dignes de leur vocation.

Leur église n'était pas richement décorée ; mais elle prêtait si bien à la piété et au recueillement que les fidèles aimeront à y venir mêler leurs prières à celles des humbles Franciscaines jusqu'au jour néfaste de leur expulsion, le 29 septembre 1792.

Le peuple y était admis et entrait par le roquet. Dans son *Dictionnaire,* M. Angot dit que la chapelle était soudée au Monastère et en assigne les restes dans des murs conservés sur une hauteur de deux mètres et formant clôture d'un petit jardin. Plusieurs pièces aux Archives départementales, notamment une expertise des terrains et bâtiments de Patience, prouvent que cette chapelle était beaucoup plus rapprochée du chevet de l'église des Cordeliers. Elle tombait en ruine quand elle fut démolie en 1798 et il n'en reste plus un vestige.

Il demeure acquis que l'enclos avait deux accès : l'un qui permettait de pénétrer dans la chapelle par le roquet montant de la rue de Rennes, et l'autre par la rue des Tuyaux (très probablement dans la direction du n° 10 actuel) où s'ouvrait, à proximité du monastère, une porte « servant à faire entrer les provisions » (*Rues de Laval,* Moreau). Nous connaissons la déclaration de V. Journée qui vit les prisonniers sortir par cette porte le 21 janvier (Ch. IV, § 2, p. 39).

On ne passe pas auprès de l'ancien Couvent des Clarisses sans éprouver une émotion profonde. Quinze jours après le départ de ces pieuses vierges, le Couvent était changé en prison. Là furent entassés plus de cent Confesseurs de la foi ; là, ils ont beaucoup prié et beaucoup souffert ; les uns sortirent pour être enfermés dans les prisons de Bordeaux ; d'autres furent enchaînés et emmenés à Rambouillet ; et un jour, quatorze prêtres qu'il avait été impossible de déporter et même d'éloigner de Laval, tant ils étaient déprimés par la vieillesse et les infirmités, furent traînés de Patience entre deux haies de soldats, pour aller comparaître devant un tribunal de juges indignes ; ils ne craignirent pas de renouveler leur refus de serments impies et montèrent à l'échafaud. « Que de tourments ils eurent à endurer avant de recevoir la palme du martyre » (1).

(1) *Antienne de l'Office des Martyrs.*

II

La Messe des Prisonniers à Patience

Est-il permis de croire que les prêtres n'ont pas été privés de cette consolation pendant les jours si longs et si pénibles de leur incarcération à Patience ?

Nos historiens gardent le silence sur ce sujet et nous ne connaissons aucune tradition qui nous renseigne.

Cependant, il paraît certain que la messe a été célébrée à Patience pendant la captivité des prêtres. Et nous espérons en convaincre le lecteur.

*
* *

Que les prisonniers aient eu l'ardent désir et cherché les moyens de célébrer la messe, personne n'en doute. La célébration du saint sacrifice est l'acte le plus sublime de la religion et l'acte sacerdotal par excellence, celui par lequel en même temps le prêtre répand sur la terre et obtient pour lui-même la grâce en surabondance, le plus précieux par conséquent pour ces infortunés au milieu de leurs terribles épreuves ; ils avaient grand besoin de résignation et de réconfort : la source des secours qui leur étaient nécessaires ne jaillit-elle pas du tabernacle ?

Ces prêtres, très âgés ou très infirmes, il est vrai, n'étaient pas tous capables de célébrer ; plusieurs ne pouvaient marcher ni se tenir debout sans soutien. Mais ces derniers avaient le même désir et le même besoin de la sainte eucharistie ; et les moins invalides, à qui leurs forces permettaient encore de dire la messe, ne souhaitaient pas ce bonheur pour eux seulement, ils étaient heureux de le faire partager en donnant la communion à leurs frères plus éprouvés.

On comprend combien il était nécessaire d'agir avec prudence et de s'entourer de précautions : les intéressés devaient y veiller soigneusement. Était-il impossible pourtant d'échapper à la surveillance des gardiens ? Et, au besoin, était-il impossible d'obtenir ou d'acheter leur silence ?

Le gardien Le Clerc se montrait particulièrement brutal et cruel envers les prêtres ; mais d'autres pouvaient être moins inhumains et nous connaissons la déclaration de l'un d'eux, Guidony, au juge de paix, le lendemain de l'exécution (Voir p. 39) : « Quelques prêtres lui ont fait des libéralités au moment de leur départ. M. Philippot lui a donné sa montre en or et M. André lui a fait remettre un portefeuille contenant 28 # 12 sols 6 deniers. » Ne serait-ce pas l'indice de services et d'une complaisance que les prisonniers ont voulu reconnaître avant d'aller à l'échafaud ?

Et lors même que les cinq gardes auraient été féroces et impitoyables comme Le Clerc, puisqu'il a été prouvé que des familles de la Mayenne ont évité la prison et la guillotine à prix d'argent, dont les membres de la Commission et les Terroristes étaient étrangement avides (1), pourquoi ce moyen aurait-il laissé insensibles Le Clerc et ses compagnons ? D'autant mieux qu'il leur suffisait de fermer opportunément les yeux pour décliner leur responsabilité.

Reste la difficulté de trouver le prix d'achat. Or, plusieurs détenus appartenaient à des familles riches, entre autres M. Turpin du Cormier et M. Morin de la Girardière : ces familles, qui habitaient Laval, ne se désintéressaient assurément pas de leurs parents en prison. Si elles ne purent les sauver de l'échafaud, parce que la Commission n'épargna

(1) Cf. Dom Piolin, *op. cit.*, t. II, l. 6, ch. I, p. 399-402.

jamais un bon prêtre, peut-être ne leur fut-il pas impossible d'adoucir un peu le sort des prisonniers, et elles durent faire toutes les tentatives dans ce but.

D'ailleurs, si ce moyen ne put être employé, l'un des prisonniers, M. Ambroise, possédait une somme importante qui fut découverte après sa mort ; il était donc en état de faire des largesses et de mettre le prix à ce qu'il voulait acheter.

Étant donné le désir des prêtres de célébrer la messe dans leur prison, les difficultés ne paraissent donc pas avoir été insurmontables.

CUILLER EN ARGENT AYANT APPARTENU A' M. DUCHESNE
Conservée dans sa famille

Ce désir a-t-il été réalisé ? Un document officiel des Archives départementales va nous le dire (1).

*
* *

Le lendemain de l'exécution des quatorze Confesseurs de la foi, le 22 janvier 1794, autrement dit le 3 pluviôse an II, à « 9 heures du matin, René Le Gros, un des juges de paix du canton de Laval, en assistance du citoyen Reillon, son greffier, sur les ordres du Directoire du district, en présence du citoyen Pierre-Jean Desdet, administrateur du dit district, et des citoyens Joseph Atel, dit Javron, et Pierre Boisard, officiers municipaux, se transporte à Patience, à l'effet d'apposer les scellés sur les meubles, effets, titres et papiers ayant appartenu aux prêtres réfractaires punis de mort et de décrire sommairement ce qui peut être mis sous scellés. » Le Gros requiert le concierge Le Clerc et le gardien

(1) Arch. dép., liasse Q 17.

Guidony de l'accompagner pour lui donner tous renseignements nécessaires.

L'opération dura la journée entière, de 9 heures à midi « frappé » et
de 2 heures jusqu'au soir.

Le principal souci du juge semble avoir été de rechercher surtout les
assignats — ou les écus, s'il y en a par cas fortuit — et autres objets de
quelque valeur pour les remettre au Directoire : vraisemblablement les
meubles et effets des pauvres prêtres lui ont paru de mince importance,
ne méritant pas même une description sommaire ; car, dans la plupart
des chambres, il voit peu de chose ou rien à emporter et se contente de
fermer à clé les portes sur lesquelles il appose les scellés. Le procès-
verbal mentionne :

Chez le prêtre *Ambroise*, où il a été perquisitionné toute la matinée :
7.310 # en assignats.

Dans la chambre appelée *la grande infirmerie* (dont les hôtes ne
sont pas nommés) : un portefeuille contenant 28 # 5 s. ; et dans le cabinet qui ouvre dans cette chambre (cabinet du *Père Triquerie*) : également
ment un portefeuille contenant 23 #, un écu de 6 # et une montre
d'argent avec « chêne » d'acier.

Dans la chambre de M. *Duchesne* : deux montres, une d'argent et
une de cuivre.

Dans les chambres de MM. *Turpin du Cormier, Pellé, Morin,
Thomas* ; dans l'appartement commun à MM. *Philippot* et *Migoret-
Lamberdière* : néant, pas le moindre assignat, pas un sol, pas un denier.

MM. *Gallot, André, Duliou, Gastineau* et *Moulé* ne sont pas désignés et aucune mention n'est faite de leurs cellules ; ils partageaient
probablement la chambre de quelques-uns de leurs confrères ou habitaient l'infirmerie. M. André seul est nommé incidemment lorsque,
dans la chambre de MM. Philippot et Migoret-Lamberdière, le gardien
Guidony déclare que M. Philippot lui a donné la veille, comme nous
l'avons dit, sa montre en or, et que M. André lui a fait remettre par
Le Clerc, en présence de Machard, commissaire de police, un portefeuille
renfermant 28 # 12 s. 6 d. (1).

(1) Le Directoire délibéra sur la réclamation de Guidony (Arch. dép., L, f. 263) et lui
fit délivrer les 28 # 12 s. 6 d. Mais, de la belle montre en or, il n'est pas question, et l'on
peut craindre que le gardien ne l'ait pas revue.

Le juge s'est emparé de tous les portefeuilles, ainsi que des assignats et des montres.

Ces détails ne manquent pas d'intérêt, mais d'autres vont nous intéresser davantage.

* *

Le greffier consigne, en outre, qu'il a été trouvé :

En visitant le cabinet qui ouvre dans la chambre de M. Ambroise : *un calice avec sa « patenne » d'argent* (1) *d'autel, deux burettes*

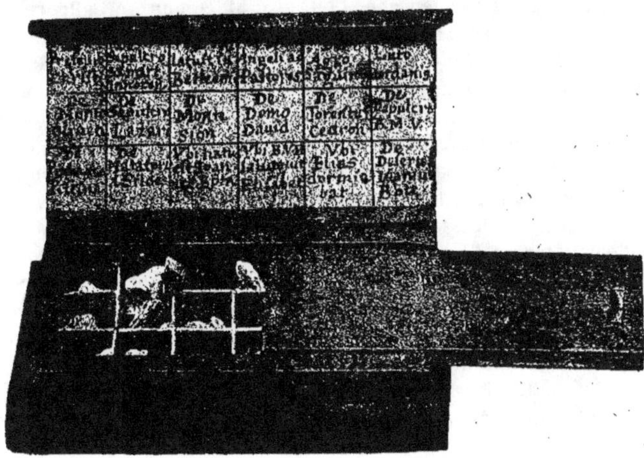

PETITE BOÎTE AYANT APPARTENU A M. PELLÉ
renfermant des fragments de roches des principaux points des Lieux-Saints, conservée dans sa famille

d'étain, une aube avec son cordon, un sarpullaire (2), *une chasuble, une étole, en un mot tous les « ustanciles » servant et propres à dire la messe ;*

(1) Ici, quelques mots ont été oubliés par le greffier.
(2) Faut-il lire *scapulaire* ?

24

Dans le cabinet du P. Triquerie : *deux calices et deux « patennes »
d'étain avec deux burettes d'étain.*

Dans la chambre, dite de *la grande infirmerie : une « boëte » contenant un calice, une « patenne », une « gondolle »* (sorte de navette),
deux burettes, le tout d'étain.

Disons-le tout de suite. Nous sommes en présence d'un fait inexpli-
cable sans la complaisance des gardiens auxquels rien ne pouvait être
dissimulé. Leur surveillance était très étroite et une plainte de leur part
amenait des mesures très rigoureuses. Le 3 avril 1793, sur la dénonciation du concierge et gardien-chef Le Clerc, M. Simon Le Balleur, curé
de Changé, est accusé d'avoir remis à l'un de ses paroissiens une brochure intitulée : *Le guide du catholique pendant le schisme.* Immédiatement, deux délégués, les citoyens Voile et Beauvais, accourent
faire des fouilles à Patience pour rechercher les papiers incendiaires
des prêtres ; des manuscrits et des lettres sont saisis sur M. Duchesne
(un des quatorze Confesseurs de la foi) (1) et sur M. Gousay, ancien chapelain de Bellebranche : les « criminels » sont déférés au Tribunal. Les
ornements et les calices étaient plus compromettants que des manuscrits et des lettres ; il était plus difficile aussi de les cacher aux gardiens.

Par qui ces « ustanciles de messe », comme les appelle le procès-
verbal, ont-ils été introduits à Patience ? Sans doute par les prêtres
eux-mêmes, peut-être dès le début de leur captivité, ou dans les premiers jours de novembre 1793, quand ils y rentrèrent après le passage
des Vendéens. Et il est clair que les prisonniers ne les auraient ni
apportés ni conservés s'ils n'avaient eu la certitude de pouvoir s'en
servir.

Quant aux hosties et au vin du sacrifice, il n'était nullement impossible de s'en pourvoir. Patience n'était pas sans relations avec l'extérieur. Les détenus recevaient leurs vivres de leurs familles ou d'amis
dévoués ; plusieurs personnes étaient autorisées à y pénétrer. Malgré

---

(1) Le crime de M. Duchesne était énorme. D'après le rapport des commissaires « ses
manuscrits prouvaient que, du fond de sa retraite, il accordait des dispenses pour le temps
du Carême, et qu'il avait égaré les esprits, tellement que des personnes de Saint-Vénérand
se confessaient à lui par lettres ». Les commissaires avaient pris pour confession des conseils de directeur de conscience ! (Cf. Dom Piolin, *op. cit.*, t. II, ch. X).

les fouilles et la sévérité du règlement, rien ne pouvait-il échapper aux gardiens ? Ne pouvait-on recourir à quelque accommodement avec eux en

Ce reliquaire, en bois, préservé par une vitre (hauteur environ 0 m. 60), a été découvert à l'hôpital de Cossé, en 1924. Il contient un ossement que l'on croit provenir du corps présumé de M. Morin. Décorations en papier doré, noir et blanc. Quatre inscriptions y célèbrent la gloire des martyrs.

certaines circonstances ? Ne sait-on pas que M. Pellé prévint ses parents la veille même du jour de l'exécution et leur fit remettre quelques objets en souvenir d'adieu ? Les prêtres n'étaient donc pas sans moyens de se procurer ce dont ils avaient besoin pour l'autel.

Ainsi, il n'est pas seulement permis de le penser, on peut regarder comme certain que la messe a été célébrée à Patience, et fréquemment célébrée, sinon tous les jours. Un dernier détail du procès-verbal permet d'en avoir l'assurance : le greffier Reillon consigne, en plus de ce que nous avons mentionné, dans la chambre de la grande infirmerie : « *une* « *boête* » *de carton contenant des pains d'autel* » que les détenus avaient à leur disposition : preuve nouvelle et non la moins convaincante de ce que nous avons avancé.

Ces pains d'autel, trouvés le lendemain du crime, ne font-il pas naître l'espoir que les prêtres ont eu la meilleure consolation, le bonheur incomparable de la visite eucharistique le 21 janvier ? Ils n'ignoraient pas que ce jour était marqué pour leur exécution ; jamais ils n'eurent davantage le désir et le besoin du pain des forts.

Enfin, on aime à penser que l'instrument de la Providence aura été peut-être M. Ambroise, le serviteur de Dieu qui, devant la Commission révolutionnaire, a si humblement confessé « son malheur d'avoir adopté des opinions non conformes à la saine doctrine » et si courageusement déclaré qu'après avoir abjuré ses erreurs devant ses confrères et obtenu le pardon de sa faute, « il était content de la laver de son sang ! »

Les ornements sacrés ont été découverts dans le cabinet de sa chambre : ne serait-ce pas chez lui que la dernière messe a été célébrée ?

III

La Place du Palais-de-Justice

La place actuelle du Palais-de-Justice a subi plusieurs changements de nom ; elle s'est appelée le *Grand-Pavé,* place *des Halles,* place *au Blé* ou *Bled* (le 14 février 1793), et place de *la Révolution,* sous la Terreur.

A la fin du xviiie siècle, ses lignes principales étaient à peu près les mêmes qu'aujourd'hui, formant un trapèze d'environ quatre-vingts mètres de longueur sur une largeur de quarante à cinquante mètres.

Il faut cependant noter quelques différences importantes.

La place que nous voyons descendre de la Cathédrale, à l'ouest, était couverte d'habitations ; de ce côté, la place de la Révolution était barrée en partie par les maisons et en partie par les *Grandes Halles,* qui débordaient et s'étendaient presque jusqu'à la rue *Barra* (rue des Orfèvres).

Au nord, la rue de l'Hôtel-de-Ville n'existait pas ; elle ne date que de 1860 ; cet endroit était aussi fermé par des maisons jusqu'à la rue *des Vertus* (rue du Mûrier ou Monte-à-regret), ouverte entre les nos 2 et 4 actuellement, à trente pas de la rue du Pilier-Vert.

Après avoir pris cette vue d'ensemble, faisons le tour de la place, si nous voulons l'examiner en détail, et pénétrons à la suite des Confesseurs de la foi.

Le lecteur est instamment prié de bien regarder à l'entrée, sur la droite, à l'angle même de la ruelle ou sente du *cul-de-sac*, dans la rue du Pilier-Vert que nous quittons, une grande et belle maison remontant à 1615, année de sa construction, sur les caves des *Grandes Écoles* ; elle n'est pas seulement un témoin de trois cents ans, qui nous montre un alignement précieux ; elle est célèbre dans le drame du 21 janvier. C'est la maison de *la Bazoche* ou de *la Béraudière* : les Membres de la Commission révolutionnaire y parurent aux fenêtres pour présider l'exécution des victimes (1).

Nous trouvons ensuite, à vingt pas de la maison de la Bazoche, au lieu de la rue du Palais, la *ruelle Puette*, qui monte vers la Trinité ; puis les Grandes Halles précédemment signalées, la ligne inchangée qui va de la rue des Orfèvres à la porte d'entrée du *Vieux-Château*, le mur de clôture du *Château-Neuf* (2), une fontaine, la montée *Ça ira* (le roquet

(1) Pour parler le langage du temps, les quatorze prêtres descendirent de la rue de *la Pudeur* (rue des Tuyaux) à la place de *l'Égalité* (Carrefour-aux-Toiles), prirent les rues de *la Raison* (rue Renaise) et *du Dévouement* (rue des Béliers), traversèrent la place *des Arts* (alors carrefour Saint-Tugal) et le carrefour de *l'Union* (ancien carrefour Mazure), montèrent la rue *Fabricius* (rue du Pilier-Vert), qui conduisait à la place de *la Révolution* (place du Palais-de-Justice).

Les listes des rues eurent le sort du calendrier révolutionnaire et bientôt, malgré les arrêtés, les anciens noms reparurent aux actes officiels en laïcisant toutefois ce qui rappelait trop le passé. Ainsi on disait la rue André, Mathurin, Catherine, Julien, Jean, etc.

(2) On distinguait jadis à Laval le *Vieux-Château*, le *Château-Neuf* et le *Petit-Château*.

Le Vieux-Château n'a besoin d'aucune désignation spéciale : c'est celui qu'on restaure si heureusement.

Le Palais de Justice actuel (moins un pavillon et une aile qui datent du milieu du siècle dernier) représente le Château-Neuf.

Enfin on donnait le nom de *petit chastel* (employé dans un aveu de la baronnie de Laval en 1407), à des ouvrages de fortifications ou à des corps de bâtiments accompagnant la haute et grande tour de la Poterne qui s'élevait du bas du roquet. Et plus tard, vers le xviie siècle, le nom de petit château fut donné à un bâtiment contigü à la tour, à l'extrémité de la cour de la Galerie. *(Cf. de Villiers. Essai IV, ch. II).*

Le Palais de Justice de Laval est un superbe monument de la Renaissance. Mais on a le droit de regretter, avec M. de Villiers, qu'il ait été mutilé deux fois : d'abord lorsque la Révolution a fait disparaître, des cartouches qu'on voit sur les trumeaux de la façade, les armoiries de la famille de Laval et de ses alliances, « sculptures historiques, chronique gravée sur la pierre » ; ensuite, lorsqu'on fit rogner la saillie des corniches et supprimer le couronnement des fenêtres des combles, vers 1820.

En 1789, la Galerie ne renfermait que des magasins délabrés.

du Palais) et, à l'angle de la montée, au lieu des bâtiments de l'ancienne
école primaire, le *Tribunal* où tant de condamnations à mort ont été
prononcées et tant de crimes commis (1) ; enfin, en suivant la ligne de

LA PLACE DU PALAIS (CÔTÉ SUD-EST) VERS 1848
Dessin de M. L. Garnier, d'après le croquis de M. Chomereau

De gauche à droite, entrée du Roquet, bordée d'échoppes, puis tourelle à laquelle était adossée
une fontaine détruite en 1850. Au fond, subsistant encore, pavillon de la porte du Château et vieilles
maisons.

maisons, nous atteignons la rue du Mûrier : à trente pas, nous l'avons
dit, s'ouvre la rue du Pilier-Vert, par laquelle nous sommes entrés.

C'est là, dans cet espace restreint, entre ces deux rues, plus près de

(1) Là était jadis l'Auditoire (parlouer aux bourgeoys), dans lequel les habitants. con-
grégez et assemblés au son de la cloche de *Luane* et des tambours, traitaient des affaires
de la cité et devisaient aussi des nouvelles du temps, sous la présidence du juge du comté
(Le Doyen, *op. cit.*, p. 210).

la rue du Mûrier que de la rue du Pilier-Vert, en face de la maison de la Bazoche, que l'échafaud fut dressé en permanence pendant l'année 1794.

Cette rue du Mûrier ressemblait étrangement au roquet du Palais. Elle descendait en pente très raide, quarante mètres environ, le long du mur d'enceinte du Bourg-Chevreau ou mur de Saint-Tugal, et se dirigeait ensuite à peu près à angle droit vers la rue de la Poterne, dite aussi du Bourg-Chevreau ou de Saint-Tugal et aujourd'hui rue du Jeu-de-Paume (1), en passant à côté du n° 33 de la rue moderne de l'Hôtel-de-Ville. Alors le niveau du sol était beaucoup au-dessous du niveau actuel. La rue du Mûrier rejoignait la rue du Jeu-de-Paume vers le n° 12 et la Poterne se trouvait au bas du roquet, au carrefour des rues du Jeu-de-Paume et du Val-de-Mayenne. L'égoût était tout proche.

Ces détails nous aideront à comprendre ce que disent nos historiens.

« La guillotine fonctionnait sans relâche et multipliait chaque jour les hécatombes. Le sang des victimes ruisselait de l'échafaud, *se répandait à ciel ouvert par la rue du Mûrier et se jetait dans l'égoût du Val-de-Maine* » (2).

Le lecteur pourra mieux également se représenter une des scènes du 21 janvier (3).

Aux fenêtres de la maison de la Bazoche, à quelques pas de l'échafaud qu'ils dominent, assis à une table chargée de bouteilles, contemplant avec une joie féroce les convulsions dernières des guillotinés qu'ils insultent, les Commissaires président l'exécution comme la plus joyeuse des fêtes. A chaque tête qui tombe, ils trépignent, hurlent, applaudissent, et la populace fait un bruyant écho à leurs applaudissements et à leurs clameurs.

(1) D'après une table du censif du comté de Laval qui donne la nomenclature des rues à la fin du xvii° siècle ; les rues actuelles des Béliers et du Jeu-de-Paume n'en formaient qu'une seule nommée rue du Bourg-Chevreau, qui allait *de la pouterne jusques en la rue Renaise. (De Villiers, loc. cit.).*

Le nom de la rue des Béliers paraît cependant remonter à cette époque.

(2) La vue du ruisseau rouge qui courait à travers les rues et l'odeur nauséabonde du sang devinrent intolérables ; les habitants s'en plaignirent au nom de l'hygiène publique. Mais les Terroristes n'entendaient pas renoncer à la guillotine, instrument nécessaire de leur règne qu'ils croyaient éternel ; ils firent seulement le projet d'un canal souterrain pour l'écoulement du sang, projet qui ne fut pas mis à exécution.

(3) V. ch. IV, § 4 et 6, pp. 83-105.

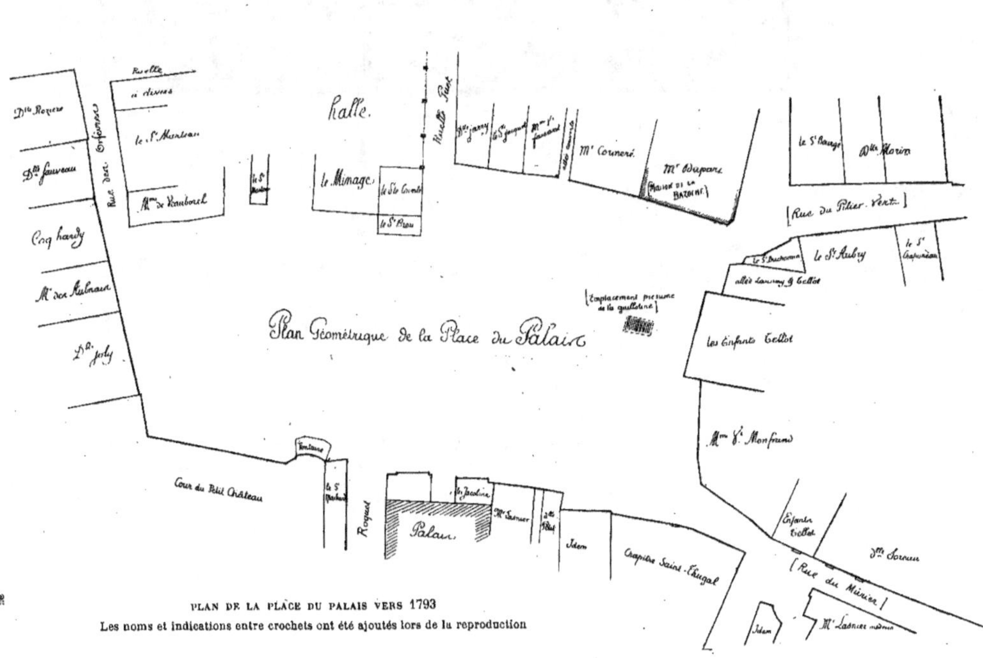

PLAN DE LA PLACE DU PALAIS VERS 1793

Les noms et indications entre crochets ont été ajoutés lors de la reproduction

IV

Les Prêtres prisonniers à Patience en octobre 1792 et le Serment de Liberté-Égalité

Les lettres ci-dessous sont extraites des Archives départementales (*Directoire du département de la Mayenne — Correspondances diverses — Lettres aux Ministres*, 1792).

A M. Rolland, ministre de l'Intérieur (f° 133 v°).

Laval, ce 17 octobre an Ier de la République française.

Citoyen Ministre,

La loi du 14 août dernier porte que tout Français recevant pension ou traitement de l'État, sera censé y avoir irrévocablement renoncé, s'il ne justifie que, dans la huitaine de la promulgation du décret, il a prêté devant la Municipalité le serment d'être fidèle à la Nation et de maintenir la liberté et l'égalité ou de mourir en les défendant ; les prêtres non assermentés de notre département, toujours féconds en difficultés, surtout lorsqu'il s'agit d'éluder la loi, prétendent que, sans justifier de la prestation de ce serment, ils doivent toucher les termes de leur pension échus avant la promulgation de la loi du 14 août quoiqu'ils ne se soient présentés pour les recevoir qu'après cette époque. Nous n'avons pas osé prendre sur nous de répondre à cette question et nous vous prions de nous tracer la conduite que nous devons suivre.

Signé : les Directeurs.

Au département de l'Intérieur (fds 157 v° et 158 r°).

Laval, le 30 oct. 1792, l'an I°ʳ de la République française,

M.

Tous les ecclésiastiques de notre département, dans le cas des articles 8 et 9 de la loi du 16 août dernier, ont été réunis dans une Maison des cy-devant Religieuses de cette ville ; les dispositions nécessaires ont été faites en conséquence et la Municipalité a fait un règlement de police intérieure qu'elle a fait exécuter ponctuellement.

Elle a été obligée d'établir un concierge pour la garde de cette Maison ; plusieurs domestiques y sont utiles ainsi que des médecins, chirurgiens et apothicaires. Nous vous prions de nous marquer si les ecclésiastiques doivent supporter les dépenses y relatives et, dans le cas contraire, quels fonds y doivent faire face.

Nous avons l'honneur de vous observer qu'aucun des ecclésiastiques détenus n'a prêté le serment prescrit par la loi du 14 août dernier ; qu'ainsi ils se trouvent privés de toutes pensions ou traitements sur l'État. Ce refus, concerté sans doute de leur part, laisse plusieurs d'entre eux sans mettre d'autres ressources que celles très précaires de leurs partisans ; que les moyens de pourvoir à leur subsistance peuvent cesser avec la volonté de ceux qui maintenant leur en fournissent ; qu'il en est même qui, dès à présent, se trouvent exposés à manquer de tout secours : comment y suppléer ? C'est ce que nous vous prions de nous indiquer.

Signé : les Administrateurs.

JUSTICE, IMPARTIALITÉ.

V

Notes sur MM. Pellé, Migoret-Lamberdière & Thomas

Au procès des Terroristes, le témoin Nicolas Millet, serrurier (Arch. dép., *l. c.* nº 158, p. 317) dépose « qu'on demanda à M. *Pellé* pourquoi il n'avait pas prêté le serment et M. Pellé répondit qu'on ne le lui avait pas demandé ; qu'il lui fut demandé s'il l'aurait prêté, il répondit : *Peut-être qu'oui* ; que le déclarant, voyant la manière leste avec laquelle on jugeait, se retira. »

Que penser de cette déclaration ? Serait-ce une réponse ironique ? L'ironie ne se comprendrait pas en un pareil moment. Mais croire que M. Pellé ait jamais été disposé à prêter serment serait faire à sa mémoire l'injure la plus outrageante et la plus imméritée. Nous avons dit qu'au début de la Révolution il en avait prévu les crimes et répétait qu'on lui couperait le cou, et que le 20 janvier, en faisant parvenir deux souvenirs à sa famille, il l'avait prévenue qu'il serait guillotiné le lendemain. M. Pellé n'aurait pas été incarcéré s'il avait voulu faire le serment et, s'il l'avait voulu encore le 21 janvier, il n'aurait pas été guillotiné, tandis qu'au contraire nous avons entendu son énergique refus : « Vous m'ennuyez avec votre diable de serment », dit-il. Et par trois fois il répète : « Je ne le ferai pas » (Voir p. 48). Nous avons enregistré ses belles paroles au peuple au moment de mourir. Qui n'admire-

rait le sang-froid avec lequel le Confesseur de la foi montre au juge le
ridicule du serment qu'on exige de lui ?

D'autres témoins s'accordent à signaler le tumulte et le brouhaha de
cette audience dans laquelle il était plus aisé d'entendre les insultes des
juges que de saisir les explications des accusés.

Concluons que Nicolas Millet, qui d'ailleurs n'a fait que passer rapidement à l'audience, a pu se tromper, mal entendre, mal comprendre
ou traduire à sa façon une parole différente. Il est l'unique témoin en
l'espèce et tous les autres sont contraires. On ne peut faire aucun cas de
sa parole et la mort de M. Pellé prouve assez qu'au moment suprême,
il fut inébranlable.

*
* *

Au sujet de M. Migoret-Lamberdière, nous lisons dans les notes de
M. Boullier et dans l'*Histoire* de Dom Piolin (t. II, p. 535) que ce prêtre
aurait refusé le serment schismatique ; dans un autre endroit du même
ouvrage, D. Piolin lui attribue un serment restrictif (t. I, p. 585). C'est
une double erreur. Un acte officiel, enregistré par la municipalité de
Rennes-en-Grenouille, établit que M. Migoret-Lamberdière, curé de la
paroisse, déclara, le 25 février 1791, son intention de prêter le serment
pur et simple (qui n'avait pas encore été condamné) et le prêta effecti-
vement en public le 27, à l'issue de la grand'messe (*Constitution civile
du Clergé dans la Mayenne*, F. Le Coq) ; toutefois aucun de ces actes
ne porte sa signature. En tout cas, M. Migoret-Lamberdière ne dut pas
tarder à se rétracter, car il fut tout de suite en butte à la persécution. Il
officiait encore dans sa paroisse le jour de Pâques en 1792, mais comme
beaucoup d'autres curés tolérés, faute d'intrus. Interné à Laval avec les
réfractaires en juin 1792, emprisonné ensuite aux Cordeliers, il reçut son
passeport pour l'exil au mois de septembre. Sur les entrefaites probablement, il tomba paralytique (ou son état s'aggrava), et il fut enfermé à
Patience : il était donc prêtre fidèle. Du reste, la sentence qui le condamne à mort mentionne que les quatorze accusés avaient refusé le serment et le refusèrent une dernière fois.

On dit que Volcler renouvela ses instances, ses promesses et ses
menaces jusqu'au pied de l'échafaud pour essayer d'arracher le serment

à son ancien maître, qui lui aurait répondu : « Il y a quatre têtes dans le panier ; la mienne sera la cinquième » (D. Piolin, *op. c.*, t. II, p. 540). Il est permis de douter de cet incident. Volcler était-il accessible à la pitié ? On ne peut le croire. tant était grande la férocité de ce renégat ; il est vrai qu'il eût plutôt regardé comme une victoire de faire un autre apostat à son image et qu'il était capable de recourir à tous les moyens dans ce but.

*
* *

L'hôpital Saint-Julien de Château-Gontier avait deux prêtres chargés du ministère, l'un auprès des Religieuses, M. Bréhéret, et l'autre auprès des malades, M. *Thomas*. Tous deux étaient recommandables par leurs vertus et très estimés. Ils ne prêtèrent pas le serment en 1791 et restèrent cachés à l'hôpital jusqu'en avril 1792 ; alors ils furent arrêtés et internés à Laval. M. Bréhéret parvint à s'échapper et à rentrer à Château-Gontier. M. Thomas fut emprisonné à Patience. Il n'avait pas fait de serment ; il rejeta ceux qui lui furent demandés le 21 janvier et confessa la foi au prix de son sang comme ses confrères : sur ces points, nos historiens sont unanimes.

Mais Dom Piolin (*op. c.*, t. II, ch. VI), reproduisant des notes de M. Boullier, dit qu'au temps de la Révolution, les facultés de M. Thomas étaient troublées au point de simuler et de commettre des actes de folie.

Nous déclarons n'avoir trouvé, malgré toutes nos recherches, aucune preuve, pas le moindre indice sur quoi fonder cette assertion. Aucun autre historien ne mentionne un affaiblissement mental de M. Thomas. Les annales et les traditions de Saint-Julien n'y font pas la moindre allusion.

Non seulement M. Bréhéret, dans la vie de *Sœur Sainte Monique*, ne dit et ne laisse penser rien de semblable, mais il ne parle de son confrère qu'avec éloge et se plaît à rappeler que M. Thomas avait prédit le martyre de la Sœur, qu'il est un saint confesseur de la foi, qu'en allant au supplice, il se reprochait d'avoir des jambes qui ne pouvaient le porter et qu'il récitait pieusement les litanies de la très sainte Vierge.

En cas de démence, M. Thomas n'eût pas été incarcéré. N'avons-nous pas vu que quatre prêtres, dont les facultés étaient affaiblies, furent laissés tranquilles à Laval et non enfermés à Patience ? (V. p. 13). M. Boullier lui-même le consigne dans ses Mémoires (p. 132, *note*).

Enfin que disent les registres de la visite des médecins à Patience ? On donne seulement à M. Thomas la note de *très infirme*, comme au P. Triquerie. Sur un autre registre est signalé son refus de serment.

Je Soussigné reconnois avoir reçû de Monsieur Bonneau Touchebaron receveur de L'hopital Saint Julien La Somme de Centt livres pour un terme echû de Cejour, pour mes honoraires pour faire les fonctions de Chapelain audit hopital. a' Château gontier ce vingt cinq fevrier mille Sept cents Soixante Dix huit.

100 #

Thomas
Prêtre

AUTOGRAPHE DE M. THOMAS
conservé à Saint-Julien de Château-Gontier

Il n'est pas moins certain que, d'après M. Boullier, Dom Piolin et tous nos historiens, à la suite des témoins de l'audience du 21 janvier, M. Thomas fut lui aussi accusé de n'avoir pas prêté les serments et qu'il les rejeta de nouveau : le texte de la sentence en fait foi également.

****

M. Boullier s'est trompé au sujet de M. Migoret-Lamberdière ; nous croyons qu'il s'est trompé aussi au sujet de M. Thomas. Et nous sommes enclin à penser que M. Boullier, dont la critique et les renseignements sont si sûrs en ce qui concerne les faits et les personnes dans le district de Laval pendant la Révolution, n'ayant pas les mêmes sources d'information pour les autres districts, a pu commettre quelques erreurs de détail sur les personnes et les choses en dehors du chef-lieu.

VI

Circulaire de Volcler

Cette monstrueuse circulaire, « qui reste comme l'un des monuments les plus caractéristiques de l'époque de la Terreur », dit dom Piolin (*op. cit.*, t. II, l. 6, ch. 5), fut insérée dans le *Moniteur* du 20 pluviôse an III (8 février 1795). Elle avait été envoyée à la Convention par l'administration du district de Mayenne. Les registres contenant les délibérations de ce district ont disparu.

L'accusateur public près la commission militaire et révolutionnaire du département de la Mayenne, aux municipalités et comités de surveillance, dans toute l'étendue du département.

Laval, 1ᵉʳ pluviôse, l'an IIᵉ de la République (20 janvier 1794).

Citoyens, ils sont passés ces temps de modération et d'insouciance où vous laissâtes les ennemis de la patrie tranquillement vaguer sur le sol de la liberté. L'instant de la justice nationale est à l'ordre du jour pour faire tomber la hache de la loi sur la tête du traître et du parjure.

Rangez dans cette classe les tolérants, les fanatiques, les fédéralistes, les royalistes et autres aristocrates que la loi met hors du sein de la République.

Sur ce fondé, et en vertu des pouvoirs qui me sont délégués, je vous déclare que pas une commune n'existe qui ne contienne de ces monstres. Toute municipalité ou comité de surveillance qui ne fera pas traduire à la maison d'arrêt de son district les accusés et qui ne ferait pas entendre contre chacun au moins deux témoins de leurs dires ou actions, sera réputée les recéler et les favoriser, et pour ce fait se trouvera, à ma diligence, de jour ou de nuit, incarcérée sur mon réquisitoire.

Purgeons, républicains, et n'épargnons rien : le salut de la patrie l'exige impérieusement ; votre propre liberté vous en fait un devoir.

Vous consignerez la présente sur vos registres et vous en accuserez le récépissé au district de votre arrondissement ; et nous, nous promènerons la guillotine révolutionaire sur les lieux où votre vigilance aura traduit des coupables.

Salut et fraternité.

VOLCLER, accusateur public.

VII

Volcler, Guilbert, Chedeville

Que sait-on des trois renégats : Volcler, Guilbert et *Chedeville*, membres de la Commission Clément, et en particulier que sait-on de leur fin ?

Né à Désertines le 15 octobre 1765, Volcler fut nommé vicaire à Saint-Fraimbault-de-Lassay au lendemain de son ordination sacerdotale (20 mars 1790) et jura du haut de la chaire, le 6 février 1791, « qu'il ne jurerait jamais », ce qui ne l'empêcha pas, vingt jours après, de signer le serment à Villaines-la-Juhel, en accompagnant sa signature des trois points maçonniques ; rentré malade à Lassay, il se fit apporter sur son lit le registre de la municipalité pour y renouveler son serment. A partir de ce moment, Volcler fit preuve d'une impiété, d'une immoralité et d'une férocité rares, même à cette époque. Les archives municipales de Lassay renferment une pièce qui suffit à prouver l'inconduite de cet homme. Il eut un enfant, pour le baptême duquel il ne trouva pas sans difficulté parrain et marraine. Devenu accusateur public à la Commission Clément, il se montra insatiable de sang humain et acharné persécuteur de l'Église. Son rôle d'accusateur finit le 1er avril 1794, mais non celui de persécuteur à Lassay où il revint en qualité de maire. A la fin de 1794 il est poursuivi pour ses crimes, échappe aux gendarmes, se met à la tête

d'une bande de pillards, est enfin arrêté le 12 février 1795 et bénéficie
de l'amnistie accordée aux Terroristes. Couvert de sang, redoutant la
juste colère de ceux qui l'avaient vu à l'œuvre, Volcler s'enfuit de la
Mayenne et se rendit à Abbeville. Là, il épousa, le 7 février 1796, Marie-
Catherine-Rose Ricquier, dont il eut un fils et trois filles ; la dernière, née
à Lassay — un acte officiel le prouve — fut baptisée le 29 juillet 1804 à
Saint-Wulfran d'Abbeville ; son oncle de Désertines alla lui servir de
parrain. Volcler est mort à Abbeville, non dans une maison de santé
comme on l'a dit, mais dans une auberge qu'il tenait place au Blé. Le
15 décembre 1894, M. Bastard, curé de Désertines, mort à la fin du siècle
dernier, voulut bien nous communiquer des renseignements qu'il avait
obtenus après de longues et patientes recherches. « J'ai pu me procurer
l'acte civil du mariage de Volcler et l'acte de naissance de ses quatre
enfants, nous écrivait-il. Sa femme, morte en 1844, était fille d'un huissier (M. Angot, dit d'un *aubergiste*)... Je suis persuadé que, pour tromper
sa fiancée, il eut l'audace de faire bénir son mariage sacrilège. L'acte de
baptême de son dernier enfant (le seul acte religieux venu à la connaissance du correspondant) laisse supposer que le mariage de Volcler passait
pour légitime. » On peut croire que les autres enfants avaient été également baptisés. Quoi qu'il en soit, la femme dut être fixée sur la situation
et la moralité de Volcler, lorsqu'elle osa paraître à Lassay en 1804.

Le même correspondant chercha en vain à se procurer les autres
actes ecclésiastiques. Celui de la mort de Volcler eût été précieux à
consulter s'il avait enregistré, comme il était d'usage en beaucoup de
paroisses, le décès avec la mention de « muni des sacrements de l'Église. »
Le baptême de son dernier enfant (et des trois autres vraisemblablement)
est la seule chose qui autorise à penser que ce malheureux homme avait
encore un reste de foi.

« Un doute terrible plane et planera toujours sur ce point probablement. »

**

Guilbert. le greffier de la même Commission, né dans les environs de
Cherbourg, fut d'abord précepteur des enfants de la Chalotais, vicaire à

Viviers ensuite, vicaire épiscopal de l'évêque intrus de Laval et supérieur du Séminaire. On le vit, armé d'une pioche, à la tête des ouvriers qui démolissaient les autels de la Trinité pour convertir l'église en temple de la Raison. Il renonça publiquement à son baptême et à sa prêtrise, se montra, comme Volcler, cynique, débauché, cruel, ardent pourvoyeur de la guillotine et disparut de la Mayenne au cours de 1794. D'après D. Piolin (*op. cit.*, t. IX, pp. 25 et 26), « on raconta que son corps avait été retrouvé dans un fossé où il s'était noyé ; d'autres disent qu'il avait été atteint d'une balle. En quel lieu était arrivé l'accident ? Nul ne l'a rapporté. » Suivant d'autres, « il s'était retiré secrètement dans un pays éloigné, pour se soustraire à la vindicte publique et à l'horreur qu'il inspirait. Une sorte de mystère plane sur ses derniers instants. »

*
* *

Le troisième renégat, Chedeville, né à Saint-Bômer, près de Domfront, ordonné prêtre par Lefessier, évêque intrus de l'Orne, devint l'auxiliaire de Volcler à Lassay où il fut nommé aumônier des Bénédictines, qui refusèrent de le recevoir. Principal du Collège de la petite ville, il se fit condamner en police correctionnelle pour *tapage nocturne dans un cabaret*. Ces détails permettent de juger l'homme qui mérita d'être choisi pour succéder à Guilbert lorsque celui-ci reprit, au bout de six semaines de service en qualité de greffier de la Commission, la charge de Procureur de la commune de Laval. L'arrêté du 12 germinal an II (1er avril 1794), en destituant Clément et sa bande, mit fin aux fonctions de Chedeville, qui retourna dans son pays. On ne le revit plus dans la Mayenne et on ne sait ce qu'il devint.

VIII

Les Causes de la Révolte dans la Mayenne pendant la Révolution

La cause initiale, la vraie cause de la révolte dans la Mayenne fut la cause religieuse. De nombreux témoignages pourraient en être apportés : nous en citerons seulement deux d'un intérêt particulier.

Le premier est l'aveu d'un républicain modéré, procureur-syndic du district de Château-Gontier, Meignan, qui devint plus tard sous-préfet de cette ville (1).

Le 25 frimaire an IV, Meignan signale « le curé (intrus) de Quelaines qui a formé une compagnie de cavalerie toujours en route sur les chevaux d'autrui » pour aller troubler partout l'ordre et la tranquillité. Ce curé « conduit à coups de sabre à sa messe les filles de sa commune qui n'avaient pas la confiance qu'auraient inspirée ses vertus. Citoyen, la conduite de ces hommes exaspérés a plus fait de chouans que les insi-

(1) *Arch. dép.* Rapport de Meignan, f. 14, 17, 18 et 19.

nuations perfides des malveillants ; toujours est-il qu'ils en ont plus fait
dans un mois qu'ils ne sont, par leur courage, en cas d'en détruire dans
dix ans... Le pays est en agitation... Il y a des rassemblements au Bignon,
à Maisoncelles... Les brigands menacent de mettre le feu à Daon... L'in-
discipline est dans la troupe... Si le soldat continue de maltraiter les
gens de campagne, de piller... de violer... la partie occupée par les
Chouans deviendra une Vendée... »

Et Meignan poursuit en assignant pour causes principales de l'insurrection qui désole le pays :

1° *La Constitution civile du clergé*. Les habitants des campagnes
se sont vus, avec chagrin, privés des consolations que leur procurait
l'exercice du culte catholique dans lequel ils avaient été élevés et qu'ils
croient changé. La Constituante a-t-elle bien examiné s'il était politique
au Gouvernement de se mêler, en manière quelconque, à ce qui regarde
la Religion ?

2° Le mécontentement que des exaspérés ont excité chez ces gens
simples en les obligeant à l'exercice du culte constitutionnel qui leur
répugnait ou en exigeant d'eux, pour les en dispenser, des sommes
déterminées par l'arbitraire : ces excès ont longtemps existé à Quelaines,
Saint-Laurent, Coudray, Daon, Azé, Ruillé et autres... Et tout homme
sensé qui émettait une opinion contraire à de tels excès était traité
d'aristocrate.

Les deux autres causes sont attribuées au passage des Vendéens et à
la levée impolitique des jeunes gens de la première réquisition.

*
* *

Le second témoignage vient de M. Robert Triger, président de la
Société historique et archéologique du Maine, inspecteur général de la
Société française d'archéologie, correspondant national de la Société des
Antiquaires de France, commandeur de l'Ordre de Saint-Grégoire-le-
Grand (1).

« Les causes de la chouannerie du Maine furent : l'attachement des

(1) Voir *Semaine religieuse de Laval*. 1918, n° 20.

JEAN COTTEREAU, DIT JEAN CHOUAN
d'après *Bretagne et Vendée*, de Pitre-Chevalier

populations rurales à leur religion et à leurs prêtres, leur horreur des
« levées d'hommes » et des réquisitions, leur répulsion pour les brusques
changements d'habitudes et les excès sanglants.

« Dans la Sarthe et dans la Mayenne, en effet, il est impossible de
considérer la chouannerie comme un mouvement d'origine royaliste.

COEUR DE JÉSUS PRIS SUR LE CHOUAN MOUSQUETON

Les Chouans portaient comme insignes une cocarde noire et blanche, et un scapulaire, désigné
dans les pièces révolutionnaires sous le nom de « Cœur de Jésus ».

Non seulement les paysans y avaient accueilli avec enthousiasme les
débuts de la Révolution, mais la noblessse n'y était ni assez nombreuse
ni assez influente pour les entraîner à l'insurrection au nom d'un principe politique.

« Il faut reconnaître loyalement les faits. C'est la Constitution civile
du clergé, c'est la persécution religieuse, ce sont les « réquisitions »

multipliées et les excès mêmes de la Révolution qui ont mis les armes aux mains des habitants de nos campagnes.

« Plus tard, dans les derniers temps surtout, les chefs royalistes se serviront d'eux ; et des auxiliaires d'occasion les compromettront par d'inexcusables excès, jetant sur le nom de *Chouans* un discrédit irraisonné.

LA MESSE D'UN « BON PRÊTRE » SUR LA LANDE
d'après *Bretagne et Vendée*, de Pitre-Chevalier

« Exploité de nos jours encore pour les besoins de la politique, ce discrédit est, en ce qui concerne les Chouans de la première heure, une réelle injustice.

« Ces premiers Chouans furent généralement non pas des martyrs, ainsi qu'on l'a dit parfois avec exagération, mais « des paysans d'une race à part qui, raisonnant leur obéissance et ne la donnant que quand il leur plaît », l'avaient refusée à la République pour garder leur indépendance et leur religion. Il importe d'autant plus de ne pas les confondre avec les aventuriers que ces humbles fils du peuple, si facilement transformés en scélérats, n'ont, pour défendre leur mémoire, que l'historien consciencieux (1).

« Nous revendiquons dès lors le droit de faire en pleine liberté les distinctions qui s'imposent.

« Les documents officiels de la Révolution appellent impitoyablement tous les Chouans des « brigands » pour ce principal motif qu'ils ne sont pas partisans de la République. L'histoire ne saurait tenir compte de cette habitude intolérante de traiter de scélérats les adversaires du régime au pouvoir... » (2).

(1) Le général Hédouville aux Consuls : « On a cru trop longtemps que les paysans étaient conduits par les nobles, comme un troupeau de serfs ; il n'en est rien. Le paysan chouan est une race à part qui raisonne son obéissance et ne l'accepte que quand il lui plaît. En faire des esclaves fanatiques a pu convenir à la Convention ou au Directoire, mais il ne faut pas que les Consuls donnent dans une erreur préjudiciable. »

(2) En dépit du récent ouvrage de Jean Morvan : *Les Chouans de la Mayenne* (Paris, Lévy, in-8), l'histoire de la Chouannerie du Maine, d'après la méthode véritablement historique, reste à faire jusqu'ici. Sans avoir la prétention de combler la lacune, nous connaissons suffisamment, dès maintenant, les documents des Archives de la Sarthe et de la Mayenne pour émettre nos opinions avec la certitude de pouvoir les défendre.

Tables des Matières & des Gravures

(D'après *Bretagne et Vendée*, de Pitre-Chevalier)

TABLE DES MATIÈRES

APPENDICES

TABLE DES GRAVURES

SIGNATURE DE L'ABBÉ CHANGEON, CURÉ DE SAINT-VÉNÉRAND
qui fournit le premier récit du martyre de nos quatorze prêtres

Achevé d'imprimer
par l'Imprimerie-Librairie Goupil
à Laval
le 24 Octobre 1925